人工智能时代
高校英语教学模式创新与应用

张倩 / 著

九 州 出 版 社
JIUZHOUPRESS

图书在版编目（CIP）数据

人工智能时代高校英语教学模式创新与应用 / 张倩
著 . -- 北京：九州出版社，2024. 6. -- ISBN 978-7
-5225-3121-2

Ⅰ . H319.3-39

中国国家版本馆 CIP 数据核字第 202439PC32 号

人工智能时代高校英语教学模式创新与应用

作　者	张　倩　著
责任编辑	周红斌
出版发行	九州出版社
地　址	北京市西城区阜外大街甲 35 号（100037）
发行电话	（010）68992190/3/5/6
网　址	www.jiuzhoupress.com
印　刷	北京亚吉飞数码科技有限公司
开　本	710 毫米 ×1000 毫米　16 开
印　张	15
字　数	238 千字
版　次	2025 年 1 月第 1 版
印　次	2025 年 1 月第 1 次印刷
书　号	ISBN 978-7-5225-3121-2
定　价	95.00 元

前　言

随着科技的飞速发展,智能技术在各个领域的应用日益广泛,教育行业也迎来了深刻的变革。2023年6月,我国召开了全国教育数字化现场推进会议,旨在不断改进和完善国家智慧教育平台,为学生的学习、教师的教学、学校的治理提供有力支持。在学生学习方面,国家智慧教育平台提供了丰富的在线教育资源,包括课程、教材、试题等,帮助学生更好地掌握知识、提高学习效率。同时,智能技术还可以为学生提供个性化的学习路径和推荐方案,满足不同学生的需求。在教师教学方面,智慧教育平台为教师提供了便捷的教学工具和高效的课堂管理手段。教师可以利用平台上的资源进行课堂教学,实现教学内容的丰富和拓展。此外,智能技术还可以帮助教师分析学生的学习情况,为教学决策提供数据支持,提高教学质量。在学校治理方面,智慧教育平台有助于提高学校管理的精细化、智能化水平。通过平台,学校可以实时掌握教育教学情况,优化教育资源配置,提高办学效益。同时,平台还可以辅助学校进行安全风险防控,保障校园安全。

人工智能对英语教育同样产生了深远的影响。以智能技术和数字技术为依托的智能英语学习系统、智慧教育教学平台如雨后春笋般涌现。这些创新无疑为英语教育带来了全新的生机,也成为引领我国新一轮英语教学变革的重要驱动力。智能时代下的学校与教师应当与时俱进,深入研究和运用人工智能技术,创设智慧英语教学环境,推进英语教学的数字化和教学管理的智能化。同时,有助于加强师资培训,提升教师的数字技术能力和信息素养,转变教学观念,以人为本,创设生动有趣的课堂情境,以提升教育教学质量。这样,英语教学才能在智能时代焕发出新的活力,更好地服务于社会和人才培养。基于此背景,著者撰写了《人工智能时代高校英语教学模式创新与应用》一书,旨在充分挖掘人工智能技术的潜力,推动英语教学的改革与发展,为培养顺应时代发展要求的新人才助力。

本书通过对人工智能背景下高校英语智慧教学内涵特征和智慧教学模式创新意义的分析,探索了高校英语教学中的微课教学、慕课教学、智慧课堂教学模式、混合式教学模式、AI 应用、AR/VR 应用的教学创新模式,为高校英语智慧教学的进一步发展提供有效借鉴。在人工智能背景下,各高校需要关注先进信息技术与教学的结合,借助人工智能提高英语教学的效率和教学质量。本书对高校公共英语教学改革与创新方面的研究者和从业人员具有一定的参考价值。

在撰写过程中,著者得到了多位专家学者的悉心指导与鼎力支持,在此表示真挚的谢意。由于内容较多且篇幅有限,加之时间仓促以及著者的视野局限性,尽管主观上尽了最大努力,但书中所涉及的内容难免有疏漏之处,希望各位读者提出宝贵意见。

目　录

第一章

人工智能时代相关内容的解读

　　随着人工智能技术的不断发展,其在科学研究、医疗、教育、交通、金融等行业发挥着越来越大的作用。在医疗领域,人工智能技术主要应用于疾病诊断、药物研发和康复治疗等方面。通过深度学习和大数据分析,人工智能助手可以辅助医生进行更为精确的诊断,提高治疗效果。在药物研发方面,人工智能可以加速新药的筛选和试验,缩短研发周期。在教育领域,人工智能技术可以为师生提供个性化的学习方案和教育资源。通过分析学生的学习数据,人工智能可以识别学生的优势和薄弱环节,为其提供有针对性的辅导。此外,人工智能还可以协助教师完成日常教学工作,提高教育质量。在交通领域,人工智能技术主要应用于无人驾驶、交通优化等方面。通过无人驾驶技术,汽车可以在复杂的路况下自主行驶。在交通优化方面,人工智能可以分析交通数据,为城市交通管理提供科学依据,缓解交通拥堵问题。在金融领域,人工智能技术主要应用于风险评估、投资建议和智能客服等方面。通过大数据分析和机器学习,人工智能可以对客户的信用风险进行评估,为金融机构提供风险管理支持。此外,在智能客服方面,人工智能助手可以实时响应客户需求,提供个性化服务。本章作为全书开篇,重点介绍人工智能的内涵、人工智能的起源与发展、人工智能对高等教育的影响。

第一节　人工智能的内涵

人工智能（Artificial Intelligence，AI）作为一门学科，旨在研究、开发和实现使计算机具有智能行为的算法和技术。这一领域涉及计算机科学、心理学、神经科学、数学、工程学等多个学科，旨在使计算机能够模拟、理解和实现人类的智能。人工智能的内涵丰富多样，包括知识表示与推理、自然语言处理、机器学习、计算机视觉、智能控制等多个方面。

一、知识表示与推理

知识表示与推理是人工智能研究的核心问题之一。它主要关注如何将人类的知识转化为计算机可以理解的形式，以及如何让计算机根据现有知识进行推理和解决问题。知识表示的方法包括谓词逻辑、框架理论、语义网络等。推理方法包括基于逻辑的推理、基于搜索的推理、基于概率的推理等。

二、自然语言处理

自然语言处理（Natural Language Processing，NLP）是人工智能的另一个重要分支。它研究如何让计算机理解和生成人类语言，涉及语法分析、语义分析、情感分析、机器翻译等多个领域。自然语言处理的目标是让计算机能够像人类一样进行自然语言沟通，实现人机交互的高效与自然。

三、机器学习

机器学习（Machine Learning，ML）是人工智能领域的一个重要方向。它研究如何让计算机从数据中自动学习和提取规律，从而实现预测和分类等任务。机器学习方法包括监督学习、无监督学习、强化学习等。近年来，随着大数据技术和算力的提升，机器学习在许多领域取得了显著成果，如图像识别、语音识别、推荐系统等。

四、计算机视觉

计算机视觉（Computer Vision，CV）是人工智能研究的一个重要领域，主要关注如何让计算机从图像或视频中获取有价值的信息。计算机视觉技术包括图像处理、目标检测、目标跟踪、场景理解等。近年来，随着深度学习技术的发展，计算机视觉在许多应用场景中取得了突破性进展，如自动驾驶、人脸识别、医学影像分析等。

五、智能控制

智能控制是人工智能在工程领域的一个重要应用，研究如何将人工智能技术应用于各类控制系统，以实现对复杂系统的智能调控。智能控制方法包括模糊控制、神经网络控制、遗传算法控制等。智能控制在工业、农业、医疗、交通等多个领域具有广泛的应用前景。

总之，人工智能的内涵丰富多样，涉及多个学科和技术领域。随着科技的不断发展，人工智能技术在各行各业的应用日益广泛，对人类社会的发展产生了深远影响。在未来，人工智能将继续拓展其研究领域，为人类带来更多惊喜。

第二节　人工智能的起源与发展

人工智能（AI）作为一种新兴技术，自 20 世纪 50 年代诞生以来，已经经历了多次高潮与低谷的交替，其发展历程可谓是跌宕起伏，充满了曲折与挑战。在漫长的岁月里，人工智能经历了三起两落的阶段，不断积累经验，逐步走向成熟。

一、人工智能的第一次浪潮

人工智能的第一次浪潮发生在计算机刚开始发展的时候，大约从 20 世纪 50 年代一直到 20 世纪 70 年代将近 20 年的时间，随着计算机的出现，人们开始探讨机器智能的问题，大量的专家学者开始对人工智能进行研究。

1946 年，第一台电子数字计算机面世，名字叫电子数字积分计算机（Electronic Numerical Integrator And Compute，ENIAC），而 1949 年由计算机科学家先驱冯·诺依曼指导制造的冯·诺依曼体系结构的第一台计算机 EDVAC 更具有代表性，它是第一台可编程的计算机。现在我们生活、科研、学习和工作中用到的计算机，绝大部分都是冯·诺伊曼体系结构的计算机，所以它更为重要和有代表性，因为它是第一台真正采用了二进制以及存储程序的计算机。1950 年，计算机科学家图灵发表了一篇名为《计算机机械和智能》的论文，在这篇论文中，图灵探讨机器是否能拥有智能，同时，提出了著名的图灵测试。1956 年夏天，几位计算机科学的先驱学者在达特茅斯发起了第一届人工智能的讨论会。在这届会议上，由麦卡锡提出了 Artificial Intelligence 这个概念，即我们现在所说的 AI，也就是人工智能。所以，人工智能这个概念从 1956 年的达特茅斯会议才真正开始出现。麦卡锡和闵斯基后面又共同创建了 MIT 人工智能实验室。麦卡锡发明了 Lisp 语言，Lisp 语言是专门用作表处理的一种函数式语言,它对于智能程序的编程和发展具有很重要的意义。

在达特茅斯会议上,计算机科学的先驱学者们讨论的内容主要有以下几点:一是计算机如何编程。当时存储程序的计算机,即冯·诺曼体系结构的计算机刚刚出现,所以,在这个阶段对于计算机如何编程的讨论就显得尤为重要。二是神经元网络构建。人工智能,就是对于人的智能的模拟,计算机科学的先驱学者们在此次会议上讨论到了神经元,以及如何把神经元构造成网络来进行智能程序的设计。三是机器自我提升。计算机科学的先驱学者们在会议中探讨了机器的学习,即一个程序不仅仅要能够处理固定的问题,还要能够通过它运行的历史来逐渐达到自我提升。所谓的自我提升,其实就是不断地学习,然后达到越来越高的智能水平。

第一次浪潮中,对人工智能最开始的研究可以归结为一种符号主义学派,符号主义是从数学逻辑出发,认为人工智能一定是源于数学逻辑的,数学和逻辑是人类最高的抽象智慧,所以当时对人工智能的研究从符号主义开始。符号主义的代表成果是 1955 年到 1956 年之间,由纽威尔和西蒙等人研制的称为"逻辑理论家"的数学定理的证明程序 Logica Theorist,英文缩写 LT,这就是早期的人工智能内容。为什么说它智能呢?如果说一个程序能够证明数学定理,而不是简单地计算加减乘除、计算微积分或者其他的数学公式,那么显然这个程序就具有足够的智能,因为数学定理的证明毕竟只有少数最聪明的人才能够实现。"数学逻辑理论家"(LT)做了什么呢?它可以通过模拟人的思维过程来证明数学定理,当然,这个数学定理并不会像"哥特巴赫猜想"那样特别复杂。人工智能最初就是从这样一个简单的程序开始的,但是这个开始很了不起。奠基了数学形式化和逻辑的数学巨著《数学原理》,其中收集了数学的所有原理,它从最简单的原理开始,一步一步地把数学理论大厦构建起来。这个计算机程序就用来证明《数学原理》中一系列的数学定理,人们用它试着去证明了《数学原理》第二卷中的头 52 个定理,完成了其中 38 个定理的证明,而且人们发现,在 2.85 这个数学定理的证明上,"数学逻辑理论家"(LT)的证明结果甚至比学者的证明更加简洁。"数学逻辑理论家"(LT)的成功研制极大增强了人类对于人工智能的信心。1962 年,IBM 公司的科学家研发了一个跳棋程序,而且这个跳棋程序战胜了当时人类的跳棋高手。结合"数学逻辑理论家"对定理的证

明,结合跳棋程序,再结合"专家系统"的出现,第一次人工智能浪潮伴随着这些现象达到了一个顶峰。

大家都非常乐观地认为,只要从数学逻辑中归纳出规则和知识,真正的人工智能就一定能够实现,达到和人类一样智慧聪明的程度,但仅仅过了十几年的时间,从 1970 年开始,AI 人工智能就遭遇了第一次寒冬。所谓第一次寒冬并不是失败,只是受到当时各种条件的限制,进入到人工智能发展的瓶颈,即使是当时最杰出的人工智能程序,也只能解决问题中最简单的一部分,例如,在数学定理证明中只能证明最简单的那几十个定理,再继续发展就遭遇了巨大的困难,这个困难包括了计算机自身的发展性能还没有跟上,因为当时计算机硬件的性能极其有限。一方面反映在非常有限的内存上,那个时候计算机有限的内存在现在看来简直是微不足道的,可能只有几千个字节或者几万个字节,而现在普通手机的内存至少都是几十亿个字节起,这个差别简直就是天差地别的。另一方面,当时计算机处理器的处理速度也没有办法跟上,毕竟人工智能是个很复杂的问题,甚至在逻辑算法的解决下,它可能是一个指数级攀升的复杂问题。也就是说,一旦要解决的问题规模稍微增大一点,整个组合的数量就会呈爆炸性增长,这显然已经不是当时的计算机硬件所能达到的水平。最后一方面,和当时人们对于人工智能的期望有关系。当时人们期望计算机人工智能很快就能够达到和人一样聪明的水平,甚至有人预言说可能在 20 年后就会有跟人类一样聪明的人工智能出现。但是后面发现,当时出现的这些人工智能甚至缺乏最起码的常识,有些常识并不是可以从符号主义的逻辑推理或从抽象思维的规则中推导出来的,这些常识涉及对于物理世界的认知和感知。研究者发现,就算是对儿童而言的一些简单常识,对程序来说也是巨量信息,没人知道怎样让程序进行学习。比如,在机器视觉和自然语言理解上,就需要大量对于真实世界的基本认识,但当时的计算机还没有发展到这样的程度。人工智能的第一次浪潮轰轰烈烈地出现,但是由于各种各样条件的限制,不久就进入了寒冬和低谷。

二、人工智能的第二次浪潮

AI 人工智能发展的第二次浪潮发生在 20 世纪 80 年代,可以归功于当时的"专家系统"。"专家系统"是基于人类专家已有的知识和经验来解决特定领域的问题,比如,医学家或者对计算机配置有经验的工程师,他们的知识和经验以规则的形式保存下来,把存储好的规则贯穿起来,运用相应知识和经验来解决某个领域比较复杂的问题。在"专家系统"中,计算机程序模拟专家求解问题的思维过程去回答问题,这个思维过程主要是对一些规则的判断,即特定的情况要如何去做,这是人类知识经验和计算机推理程序较好的结合。

第一个专家系统是在 20 世纪 60 年代末,由费根鲍姆成功研制了第一个用于识别化学中化合物结构的专家系统,叫作 DENDRAL,在这个专家系统中,可以应用化学家的知识来回答问题,它可以推断出化合物的复杂结构,给予化学家很多帮助。在 DENDRAL 的理念指导下,从 1980 年开始,DEC 公司和卡内基梅隆大学 CMU 合作研发了一个专家系统,叫作 Xcon。这是第一个商用的专家系统,而不再只是用于科学研究,它用来为 DEC 公司服务。DEC 是一家生产计算机的公司,可以根据不同用户需求来定制计算机的配置,Xcon 专家系统会向用户提出一些关于需求的问题,然后根据用户的回答来定制计算机系统的硬件配置方案,这样一来,对于熟练的售前工程师的需求就可以大大减少,在相同的人力支持下能够应对更多的客户。据估计,Xcon 专家系统每年可以为 DEC 公司带来 4000 万美元的收益,这在当时已经是一笔相当可观的收入。所以,在 Xcon 专家系统商用成功的案例指导下,人们开始投入巨大的精力,研发适合于专家系统使用的软件开发平台和硬件支持机器。基于此,适合规则推理的计算机程序的 Lisp 语言被设计出来,它是一个函数式的程序设计语言,可以非常方便地编写符号推导类型的程序,它还建造出了 Lisp 机器,即单用户工作站,它是以 Lisp 语言作为主要的软件开发语言,进行高效运行的计算机。当时有一个公司叫作 Symbolics,推出了第一台 Lisp 机器,这个 Lisp 机器名字也叫 Symbolics,为全世界研发和应用专家系统的公司提供了很好的硬件支持。

在专家系统成功研发的鼓励下,很多国家的政府也开始扶持人工智能项目。最有名的就是 1981 年日本政府发起的"第五代计算机"的项目,所谓的第五代计算机,是具有逻辑推理能力的智能计算机,它的目标是造出能够跟人对话、能够翻译语言、能够解释图像,并且能像人一样进行推理的机器,这在当时可谓一个非常宏大的计划了,投资也非常大。其他发达国家的政府也采取了相同的做法,比如,英国耗资 3.5 亿英镑进行了 AI 人工智能的 Alvey 工程,关注大规模集成电路、人工智能、软件工程、人机交互（包含自然语言处理）以及系统架构；在美国，政府的国防高级研究计划局 DARPA 组建了战略计算的促进会，计算机的企业协会也组建了微电子与计算机技术的集团，在系统架构设计、芯片组装、硬件工程、分布式技术、智慧系统等方向发力。这些都推动了人工智能在专家系统领域的发展。这些计划，尤其是日本的第五代计算机计划在当时算是比较激进的，后面虽然没有达到原先设定的目标，但实际上在此计划下已经有很多成果被研发出来，为以后人工智能的发展提供了很好的技术基础。

除了专家系统这种基于智能进行计算机逻辑规则推理的符号主义知识体系外，还有另外一个思潮，被称为"联结主义"，这是另外一个学派。联结主义在第二次人工智能的浪潮中也重新获得了发展。所谓的联结主义，实际上更倾向于人去模拟自然从而进行人工智能程序结构的构造，而不是求助于数学和逻辑。新型网络 Hopfield（神经网络）证明一种新型的神经元连接的网络，能够用一种全新的方式来学习和处理信息。联结主义尽量模拟人的大脑结构来处理信息，就发展出了一些新的学习训练的算法，其中就有在最近这次人工智能浪潮中得到广泛应用的反向传播算法。

经历了第二次人工智能发展的高潮，寒冬也随之而来，主要出现在20世纪80年代末和90年代初，标志性的事件就是计算机开始进入个人家庭和小型企业，迅速降低了成本。以苹果公司和 IBM 公司作为代表，他们这时候开始推广第一代的台式机，计算机广泛进入个人家庭，而且价格远远低于专家系统开发所用的 Symbolics 和 Lisp 这些硬件机器。所以，第二次寒冬是因为遇到了新的历史机遇造成的，因为市场中对专家系统的需求现在被台式机取代，所有业界的目光都被台式机吸引过去，大家都想着如何把计算机做得成本更低，进入更多的个人家庭，占据每一所学校的每一个人的桌面上，整个产业发展的注意力被转移了，相应地，政府对人工智能和专家系统方面研究的拨款也逐渐减少。当然也有机器性能的问题，而且专家系统需要大量人力的参与，必须由在特定领域中的专家和专家系统的计算机科学家合作工作，才能够开发出特定领域的计算机专家系统。由于专家及程序设计工程师的缺乏，专家系统的实用性也就有了一定的局限。

经过几十年的发展，历经了两次浪潮，可以看到人工智能应该以应用为导向。当计算机的应用还没有扩展到全社会领域的时候，单独的人工智能是很难被发展起来的。

三、人工智能的第三次浪潮

人工智能发展的第三次浪潮，大概是从 20 世纪 90 年代末期到现在。我们现在就正处于第三次人工智能浪潮中，所以，人们现在对人工智能有着非常大的热情，大家都在谈论人工智能的应用、人工智能的产品等。

人工智能第三次浪潮的典型技术特点是：传统的基于数学逻辑推理的符号主义学派技术被暂时地放在了一边，进而转向基于统计模型的技术。事实证明，从 20 世纪 90 年代末开始，基于统计模型来构建人工智能的基础技术在逐步完善并获得巨大成功。对人类最复杂的活动之一的下棋所展开的人工智能项目，就是一个标志性事件。在第一次的人工智能浪潮里是下简单的跳棋，而第三次浪潮的起点是下更加复杂的国际象棋。IBM 公司研发的深蓝计算机配合人工智能的下棋程序，在 1997 年战胜了国际象棋世界冠军卡斯帕罗夫，这在当时引起了巨大的震动，很多专家都认为人工智能已经发展到很高的阶段，因为在此之前，从来没有出现过计算机程序战胜顶级世界冠军的先例。深蓝计算机国际象棋的基本技术，是基于国际象棋规则进行搜索并在搜索树上进行所谓的"剪枝"。可以理解成基于大量开局库、终局库的统计估值结果，就是说从开局开始有几种落子的可能，把这几种可能全部用穷举法找出来，当棋子落到其中的一个位置之后，把对手有可能下的落子点也穷举出来，就这样一层一层地把下棋过程中可能的落子点全部组织起来，就变成了一棵非常庞大的下棋的"树"，假设我们的技术能够延伸到下最后一步棋的时候，那最终这盘棋局的胜负是可以确定的。但是，由于这个组合爆炸的问题，可能性确实太多了，因此在这样庞大的搜索树上，我们不得不基于大量的开局、终局或者说前人归纳出来的人类下棋思路的数据库，如棋谱，通过对大量棋谱的学习来进行统计，统计出每一个落子点的估值结果，然后将棋下到这个估值最有可能胜的那一个落子点上，去辅助搜索树上的选择。虽然国际象棋的棋盘只有六十四格，但是可以落子的可能性已经相当多了，经过几十年的发展，在 20 世纪 90 年代末的时候，尤其是像 IBM 这样的公司，它能够制造出容量特别庞大、计算性能也很高的硬件设备，可以在统计规则的基础上设计出这样的

人工智能程序，也必然是计算机软件、硬件、人工智能技术发展水到渠成的结果，所以，人工智能能够打败国际象棋冠军，只是一个时间的问题。当国际象棋败给了人工智能程序以后，人们还心存侥幸，把目光投入另一个棋类——中国古老的围棋，觉得人工智能肯定不会战胜古老文明智慧，因为围棋和国际象棋有着很大的差别。围棋只有两种棋子——黑棋和白棋，对一方来讲它只有一种棋子，而国际象棋任何一方都有很多个种类的棋子，有王、有马、有象、有车、有兵。两种棋的走法规则也大相径庭，围棋虽然规则特别简单，但是棋盘要比国际象棋大得多，有361个落子点。国际象棋已经是一个特别庞大的组合爆炸的搜索树，而围棋的棋盘可能的落子点更加庞大，通过剪枝搜索用穷尽落子点的搜索方法已经完全失效，即便是把古今中外几千年来人类下过的所有棋谱都输入进去，再把各种各样下棋的启发式规则都放进去也无济于事。所以，很长一段时间内，围棋的人工智能程序对于人类棋手来说一直处于绝对的下风，甚至人工智能在面对业余围棋棋手的时候也很难有战胜的把握。

第三次人工智能浪潮有这样几个特点：一是大数据。无论是在计算机的软件、硬件方面，还是在计算机的系统方面都有一个巨大的转折，这个转折特别显著的状态就是互联网的发展。互联网的繁荣使可用的数据量剧增，互联网带来的物联网和移动互联网，使每一个人、每一个事物都可加入网络当中，每时每刻都在不断地产生信息。这个时候，由数据驱动而不是由规则驱动的方法就引起了人们的注意，以大数据技术作为基础的技术从量变引起质变，不再只是数据量多少的问题，而是整个研究的技术方法发生了本质的改变。二是统计模型。有了大量的数据之后，在统计上可以通过对大量的样本来进行建模，把建好的模型再应用于分类、对应等进一步的工作，使人工智能在对现实世界的理解方面有一个显著的提升。统计模型技术实际上就是在第二次人工智能浪潮中提到的联结主义的神经网络，在人工智能第三次浪潮里，多重的神经网络可以构建出更多更复杂的神经网络，比如说多重神经网络，它可以建立出更加复杂的模型，具有更高维度的分类能力。这些都让人工智能下机器的学习能力得到极大的增强。三是强大的计算能力。在第三次浪潮中，计算机硬件得到飞速的发展，多达数万台高性能计算机可以并行计算，那这种计算能力是以前从未有过的，这样强大的算力可以满足对大数据处理、对复杂模型的计算能力的需求。不仅仅是大的科技公司或研究机构才可以具备这种计算能力，每个家庭、个人，甚至每名学生、每个学校都可以轻易拥有以前时代从未有过的千万倍的计算能力。例如，机器翻译，以前的人工智能翻译是基于规则，比如语法规则、词典的对应查找规则等，但是人工智能在使用了统计模型之后，机器做出结论不再根据规则，也不根据词性，而是根据统计数据得出来。基于统计的机器翻译，其实简单直白来说就是"如果人们都这么翻译，那我这个人工智能程序就也这样翻译"。这就是人工智能第三次浪潮中基于统计方法的翻译，它在方法上发生了本质的变化，以前需要基于大量的规则来进行，现在是有了大量的样本和数据之后，从数据中统计出来结论，即在大多数的情况下人们都这么翻译这句话的，机器翻译的人工智能程序就采用相同的方法来翻译，这是实现技术上的底层变化。机器翻译具有两个特征：一个是人工规定特征；另一个是机器自动提取特征。具体来说，就是按照单字和短语进行统计对应，而不是与词典规则对应，然后由机器来自动提取出每一句话的特征，通过计算得出哪些文本是相互对应的，它实现的前提是要有大量文本的样本数据、强大的计算力和复杂的神经网络模型（机器学习的模型），这三者同时具备才可能实现机器翻译。第二个例子是更加复杂的图形分类，在以前的图形分类中是基于规则进行的，大概是要对图像进行变换和增强，先找到它的边缘，再看它在哪里交叉，然后再和已经掌握的规则去对应来进行归类。新时代的技术出现之后，就开始使用更复杂统计模型的新技术方法来进行图形分类，有了大量的样本数据和强大的计算力之后，图像分类的技术手段使分类的错误很快下降、识别的精度不断提高。现在，图像识别分类的错误率已经低到了 3%，已经比人工识别的错误率还要低，也就是说在图像分类这个领域上，人工智能已经超过了一般人。下棋也是这样，大量的样本数据、强大的统计模型和计算能力，最终使人工智能彻底在围棋博弈中胜出，从 2017 年 3 月开始，AlphaGo 连续打败了国际围棋冠军李世石和中国的柯洁，AlphaGo 的研究成果也被写成了论文发表在技术科学的顶级刊物上。这些都标志着人工智能第三次浪潮的巨大发展。

为什么说第三次浪潮跟前两次有所不同呢？主要原因是在"应用"上。前文提到过，人工智能作为一项技术不可能单独发展，它必须依赖于计算机技术在整个社会的广泛应用才能真正发展起来。那么，人工智能第三次浪潮和前两次浪潮相比有什么不同？首先就是强大实用。这次的计算机人工智能浪潮中,很多产品都是能够投入生活当中实际使用的,它具有强大的实用性。其次,是社会需求。当互联网、物联网、移动互联网普及之后,当信息技术到了每个人的指尖,当计算机进入每个家庭介入到生活当中的时候,人工智能开始解决日常生活问题,整个社会对于人工智能的需求也日渐增加。强大的实用性和快速增长的社会需求,二者同时将人工智能的第三次浪潮推动到了更新、更高的水平。

第三节 人工智能对高等教育的影响

一、人工智能教育

(一)人才培养内涵转变:从传统素养到数字素养

人工智能的工具属性和产业属性使其同时具备了内涵式和外溢性发展特征,促使人才培养内涵的内外双向转变:内部是指思维、意识层面的转变,外部是指能力、技能层面的转变。传统人才培养的素养包含了科学素养、人文素养等内涵,注重对学生科学精神、人文精神的培养,树立学生的人生观、世界观和价值观,传统数字素养促使高等教育能够坚守教育本质。数智化时代,新理念、新技术不断冲击着人才培养内涵,市场对劳动者知识和技能体系的需求趋向复杂化、多元化。2021 年 11 月,中央网络安全和信息化委员会印发了《提升全民数字素养与技能行动纲要》,明确提出提升全民数字素养与技能,是建设网络强国、数字中国的战略性任务,培养具有数字素养的人才成为高校的着力点。人工智能对高等教育人才培养内涵提出了更高要求,在坚守传统素养的基础上,要依据技术的变革而不断深化人才培养内涵。

数字素养包含意识与能力两个方面。数字素养的意识层面是指具有数智化转型、主动学习、创新、安全等意识。数智化时代,无论是何种专业的人才培养,都需要对当前社会数智化转型的趋势有一定的了解,积极主动适应和持续学习新技术以提高工作效能,在人才培养过程中要注重培养创新意识。人类独一无二的创造力是人与机器人的本质区别。信息空间存在许多不安定、不和谐甚至危险的因素,安全意识则是指高等教育中主体要注重数据信息的安全使用,这是数字素养的基本原则和底线。数字素养的能力层面是指信息管理、分析、传播、交互、协作等能力。数智化时代,数据构成了信息资源,是组成信息空间的基础要素,信息资源的真伪、价值需要经过有效筛选和合理使用,只有能够高效、精准地从海量的信息资源中检索、获取所需信息内容,能够辨别信息的真伪以及评估其利用价值,并具有扎实的信息管理以及分析运用的能力,才能充分发挥信息资源的效能。人工智能技术的外溢性同时也带来了问题的复杂性,技术间的关联性往往能够将问题扩大化,运用数智化技术、工具、平台等解决复杂问题,实现人际的交互协作是未来社会的能力需求。

(二)人才培养定位转变:从人文教育到新人文教育

高等教育中人才培养的定位需要站在数智化时代和全球视野的高度来把握,以回归教育的育人本质为目标。无论工科还是文科,以通识教育、第二课堂教育和思想政治教育为主要形式,以立德树人为根本任务,构成了我国传统人文教育的基本形态。人工智能等现代信息技术的出现正冲击着人文教育,传统人文主义在技术的进击面前表现软弱。[1]这种观念反映在教育领域,产生了教育伦理问题,伦理问题外显为一系列社会问题,如人工智能是否会取代教师? 人工智能教育是解放还是弱化教育? 人工智能教育行为规范是否道德? 人工智能教育的合法性? 从应用伦理学视角分析,人工智能教育呈现出功利主义技术观与非功利主义教育观的矛盾,技术与教育多重主体行为的矛盾,技术正当性与个人权利的矛盾,技术引发教育平等与社会不稳定性的矛盾,技术动机与教育本质的矛盾。[2]伦理是维系社会秩序的规范,也是维系教育不偏离本质的规范,对于即将到来的人工智能教育变革,更要警惕伦理隐患。

人工智能的发展源于核心技术的突破,技术发展态势必然先于社会

[1] 苏德超.技术冲击与人文底线:兼论新人文教育的迫切性[J].四川师范大学学报(社会科学版),2019(06):5-12.
[2] 张志华,季凯.应用伦理学视阈下人工智能教育的反思与应对[J].南京邮电大学学报(社会科学版),2021(05):1-10.

形态,在发展初期往往面临技术相关领域内的治理失调困境,高等教育领域也涵盖其中。因此,构建与技术发展相匹配的新人文教育尤为迫切:一是新人文教育强调以人为本,充满人文关怀。教育目标的内在价值在于实现人的全面自由发展,技术的主体性无法僭越人类的主体性,高等教育是一种基于人的存在而存在的社会实践活动,回归以人为本的教育本质。二是新人文教育强调培养人的美德。重视道德教育,培养个体的善,实现人的自由和价值,在中国,孔子的育人理念一贯倡导培养有德性的人,主张"志于道,据于德"(《论语·述而》)。《礼记·大学》说:"大学之道,在明明德,在亲民,在止于至善。"《礼记·中庸》说:"故君子尊德性而道学问,致广大而尽精微,极高明而道中庸。"这些都是强调培养人的美德和优良品质的重要性,教育本质上是一项崇善的事业,历来教育都是教人向善,新时代要坚持教育立德树人的根本任务。三是新人文教育强调"生态正义"。重视传统的自省、沉思教育,教育要以提升人的自主思考能力为目标,从而弱化人的"物化"倾向,减少人对人工智能产品的依赖性。将"共同体"观念融入教育,新人文教育的核心是破除西方的个体中心主义,① 在"两个大局"的时代背景下,强调人类命运共同体的价值和关怀,人与自然的和谐共生。

二、人工智能驱动高等教育课程变革

数智化时代,人工智能驱动高等教育课程变革至少包含了两层含义,抑或称之为有两个研究对象。

一是指人工智能对高等教育当前课程的改革所产生的影响,此处的课程指代了高等教育领域中普遍存在的课程体系,如通识课程与专业课程、理论课程与实践课程等,体现在整体视角下课程的价值理念、形式特征、内容创新等方面。

二是指以人工智能为代表的信息类课程的出现,如人工智能、大数据、区块链等新兴学科的发展,需要构建下一级专业、课程支撑体系,此类新课程需要遵循何种高等教育课程观有待探讨。

---

① 彭正梅,王清涛,温辉,等.迈向"生态正义"的新人文教育:论后疫情时代教育的范式转型[J].开放教育研究,2021(06):4-14.

（一）课程理念转变：从社会建构到社会实在

课程之变，始于理念。上述人才培养理念、内涵和定位的转变为高等教育课程变革提供了方向指引，就课程本身的价值理念而言，仍然需要针对具体对象进行讨论。

知识问题是课程研究的基础性问题。[①] 社会建构主义是当前课程研究的强势、主流话语，英国社会学家麦克·扬（Michael W.Young）是课程社会学思想的主要代表人物，在其早期著作《知识与控制》中，他从教育社会学的视角提出了社会建构主义理论，核心要义是知识不是给定的，而是被社会性、历史性地生产出来的，即知识由人在社会发展过程中主动创造出来的。也有学者认为，社会建构主义课程观源于皮亚杰（Jean Piaget）的发生认识论学说，[②] 主要观点认为"主体人"在已有的知识结构上通过思维的方式创造了知识，社会建构主义课程观削弱了知识边界，课程知识服务于人适应社会发展这一目的。无论是何种学说，社会建构主义课程观的基本理论都实现了学术能力与生活能力、专业知识与日常知识的边界削弱与内容融合。

20 世纪 70 年代，西方社会建构主义理论逐渐兴起并被引入国内，尤其是在 21 世纪初，国内开始了改革开放以来影响最为深刻的一次"新课程改革"，其中所蕴含的正是社会建构主义理论。长期以来，社会建构主义理论已成为我国课程改革的时代主流观念，为培养个性化和满足社会发展需求的学习者提供了理论支撑。然而，随着社会建构主义课程观与我国课程改革的深度融合，出现了一些亟待解决的问题，破坏了知识概念及其连续性，阻碍学习者进步。数智化时代，社会建构主义的课程改革倾向不断强化，知识的社会性高于客观性，这一现象表现在高等教育课程中，经验主义课程知识未经结构化加工，一味地强调实用性的功利价值观倾向，破坏了原有的课程知识结构，从而影响学习者对概念理解的完整性、连续性。此外，这一现象表现在人工智能为代表的信息类课程中，以工具理性主导课程建设，强调培养学生的技能化知识，注重

---

① 张俊列.回归强有力的知识传统：对课程知识相对主义的批判性考察[J].北京大学教育评论，2021（04）：44-64+185.
② 杨绪辉，沈书生.重构人工智能教育课程：从社会建构走向社会实在[J].中国电化教育，2021（10）：72-78.

应用场景下的课程教学,课程内容则落脚在智能工具使用的应用层面,进而导致知识结构的碎片化、概念的连续性被破坏等,学习者无法真正适应数智化时代社会发展需求。

麦克·扬在参与南非和英国的教育实践后,批判了社会建构主义和相对主义带来的教育隐患,创造性地提出社会实在论,用以解决课程知识的客观和社会的二重性矛盾。他认为,在这种"社会实在论"中,所谓的"社会",指的是知识生产过程中的人类能动性,反映的是教育的知识或课程的内容与特定情境的联系;所谓的"实在",是强调知识本身的客观性,以及教育知识或课程内容相对于特定社会情境的独立性。[①]在更为注重"建构"的数智化时代,无论对象是普遍存在的高等教育课程,还是以人工智能为代表的信息类课程,社会实在论理论融入课程改革都更符合时代需要。课程价值理念的转变需要包含三个方面。

一是树立以强有力的知识为中心的课程理念。"强有力的知识"是社会实在论的核心概念,代表学科内存在的理论化、体系化和专门化的知识。"强有力的知识"应作为课程建设的首要目标,承认知识的客观性,强化学术能力与生活能力、专业知识与日常知识的边界,学习者通过学习"强有力的知识"培养高阶思维。

二是课程内容的组织体现"概念进阶、学科本位"思想。学科的概念是学科理论发展的高度凝练的成果,不同学科之间通过核心概念发生联结,因此,对课程内容中的概念设置要更为重要,尤其是人工智能为代表的信息类课程中,由于上层学科建设不完善,体现学科结构和性质的基础概念薄弱,需要重视课程内容的组织形式,避免出现"轻理论,重应用"的现象。

三是注重基于特定情境的课程知识结构化加工。社会实在论强调课程内容与特定情境联系且具有独立性,不同于社会建构主义课程观的实用性,社会实在论更注重课程知识的有效性,换言之,特定情境不等同于应用场景,而是应用场景经过多次的概念投射形成,学习者通过特定情境下的系统性课程学习,掌握跨学科、跨情境解决问题的能力。

---

① 文雯,许甜,谢维和.把教育带回来:麦克·扬对社会建构主义的超越与启示[J].教育研究,2016(03):155-159.

（二）课程内容转变：从罐装化到智慧化

课程通常被概念化为"以有效的方式把教育计划的基本原则和特征转化成实践并接受严格审查的尝试"。[①] 高等教育阶段课程也被称为学习项目或科目，是各个学科知识系统化整理后形成的专业知识文本，逐渐成为教学过程中的重要资源。受第二次工业革命影响，工业的规模化生产需求催生出学科式知识生产模式，传统课程主要利用显性教育，课程知识以"灌输"的方式传授给学习者，课程内容偏向"罐装化"，学习者往往难以发挥想象力、缺乏创新精神，人才培养同质化现象严重。课程内容的设计源于知识生产模式，第三次工业革命催生出应用式知识生产模式，[②] 课程内容需要满足培养社会发展需要的高素质人才。人工智能引领的数智化时代被认为是第四次工业革命，智慧化是第四次工业革命的发展愿景，结构化的课程内容无法满足数智化时代人工智能赋能社会转型升级的迭代速度。

数智化时代，人工智能与生产方式、生活方式已紧密融合，智慧化社会具有跨学科、灵活多样、异质性等特点，应用式知识模式与智慧化社会发展不相匹配。未来课程内容的设计应符合个性化定制知识模式，利用智能推荐引擎技术、自适应学习技术等，根据个体差异逐渐走向"智能生成""个性化定制和推荐"的课程内容。智慧化的课程内容需要具备以下三种特征。

一是课程内容定制化。课程内容从面向规模化生产转向个性化发展，运用人工智能与大数据等技术的结合，精准分析学习者的学习特点，定制符合学习者思维习惯的课程内容结构，激发学习者的个性化学习需求，实现因材施教的教育理念。

二是课程内容多元化。数智化时代需要解决的问题具有关联性、复杂性，技术的发展提升了风险程度，增加了问题解决的难度，学习者需要掌握跨学科解决问题的能力。因此，课程内容的设计也需要具有跨学科之间的知识关联性，人工智能与知识图谱技术的结合，可以建立起海

---

① 曼塞萨·玛诺普，张梦琦，刘宝存.21世纪课程的重新概念化与定位：全球性的范式转变[J].比较教育研究，2019（11）：3-12+19.
② 李冲，毛伟伟，孙晶.新工业革命与工科课程改革：基于知识生产模式转型的新工科课程建设路径研究[J].中国大学教学，2022（07）：88-96.

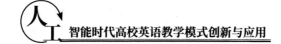

量知识间的联系,为学习者梳理清楚跨学科知识点之间的脉络,提供多元的课程内容学习,满足数智化时代的复合型人才需求。

三是课程内容智慧化。数字素养成为数智化时代人才培养的重要目标,既要设立人工智能等专业性课程,也要在常规课程内容中融入数字素养内容,全面提升学习者的数字素养水平。此外,课程内容智慧化也包含内容编制智慧化,人工智能可以作为辅助工具,协助高等教育课程编制者进一步优化课程知识结构、内容设置等。

（三）课程形式转变:从线上线下到虚实融合

随着互联网技术的进步与发展,传统的教育升级为"互联网 + 教育",传统的课程形式则由线下发展为线上,慕课作为在线开放课程的一种独特类型出现于 2008 年,并且短时间内迅速在高等教育领域普及、扩张,这既与技术因素相关,也由于高等教育的普及化导致教育成本的大幅攀升等因素息息相关。慕课的英文直译是"大规模公开线上课程"（Massive Open Online Course, MOOC）,是由很多愿意分享和协作以便增强知识的学习者所组成的。[①]2012 年,三大慕课巨头 Coursera、Udacity 和 edX 迅速建立并备受关注,这一年被《纽约时报》称为"慕课元年"。西方慕课巨头掀起的在线课程浪潮,很快席卷中国。2013 年 5 月,清华大学、北京大学等数所国内顶尖高校加入 edX。2 个月后,复旦大学、上海交大与 Coursera 签约。由此,2013 年被业界称为"中国慕课元年"。2020 年初,新冠疫情的暴发,倒逼高校教学由线下转为线上,进一步刺激了慕课的发展和应用。据世界慕课与在线教育大会数据显示,2020 年,中国上线慕课数量超过 3.4 万门,学习人数达 5.4 亿人次,在校生获得慕课学分人数 1.5 亿人次,慕课数量与学习规模位居世界第一。2022 年,中国慕课数量已经达到 6.2 万门,注册用户累计超过 4 亿人,与 2012 年相比,慕课数量增加了上万倍,注册用户增加了上百万倍。在高等教育领域国家高等教育智慧教育平台在首批上线覆盖 14 个学科门类、92 个专业类 2.7 万门慕课的基础上,内容不断丰富,又陆续上线了 300 多个虚拟仿真实验、近 10 万种教材、大学书记校长大课堂、思政

---

① 王文礼.MOOC 的发展及其对高等教育的影响[J].江苏高教,2013（02）:53-57.

课教师备课资源、教研活动等多类型高等教育教学资源。截至 2022 年 11 月，平台用户覆盖 166 个国家和地区，平台与课程服务平台累计访问 292 亿次，选课学习接近 5 亿人次。由此可见，在信息时代，慕课为代表的线上线下课程形态已成为高等教育课程体系的重要组成部分。

数智化时代是进行时也是未来时，人工智能驱动高等教育变革是整体性的，涉及高等教育的方方面面，课程是高等教育体系的重要一环。从人工智能技术的发展与学术界的研究趋势来看，人工智能可以促进学习者理解课程知识，[①] 融入人工智能的虚拟现实技术将成为在线教育转型升级的创新奇点，未来课程形态将从互联网时代的线上线下迈向数智化时代的虚实融合，抑或称之为教育元宇宙中的课程形态。虚实融合课程形态的重要特征之一是具身认知，即将课程知识转换为沉浸式、情境式的呈现形式，将二维空间在线教育升级为三维空间元宇宙教育。虚实融合课程形态依据主体参与程度可以分为三类：一是浅度参与的"他者"课程。学习者以第三人称的方式按照预先设定好的学习路径，通过智能终端如智能手机、平板、电脑等参与课程学习，在此过程中也可以利用人工智能、增强现实等技术增强学习体验感。二是中度参与的"主体"课程。学习者以第一人称的方式按照预先设定好的学习路径，但具有一定的主导控制权，通过可穿戴设备沉浸式参与课程学习。三是深度参与的"真实"课程。学习者以"第二人生"的方式按照个人特征、需求、思考等动态建模，通过脑机接口技术进入元宇宙体验学习，真正实现虚实融合的自适应课程学习。

三、人工智能驱动高等教育教与学变革

人工智能对高等教育教与学的变革，起始于对教与学外在环境（教学空间）的变革。其中，教是基于教师为主体的教学活动，学是基于学生为主体的学习活动，教学活动与学习活动轨迹具有内在关联性，但依据主体的不同各有侧重。

---

① 杜华，顾小清．人工智能促进知识理解：以概念转变为目标的实证研究 [J]．华东师范大学学报（教育科学版），2022（09）：67-77．

（一）教学空间转变：从二元空间到三元空间

长期以来,对于教学空间的研究并未引起学术界的重点关注,关于教学空间的内涵也有诸多释义。王嘉毅等认为人工智能等信息技术的发展正在解构甚至颠覆传统教学模式,由此催生了教学空间的重构,并借用西方社会理论中的空间辩证法,将教学空间解析为物质空间、精神空间和社会空间组成。[①]其中,精神空间是被教学中的主体概念化和构想出来的抽象空间,属于主观形成的空间。从客观层面看,传统教学空间是由物理世界(物质空间)和现实社会(社会空间)组成二元空间,固定排列的实体教学场所,显示出以教为中心的教学理念,按照标准化的模式严格管理学生,限制了学生主体性发挥,集约有限、封闭单一的教学空间抑制了多元化的教与学方式。

数智化时代,更多的智能技术被引入进课堂教学,传统教学空间边界被无限扩展,出现了信息空间、网络学习空间、虚拟空间等概念。目前的研究热点则转向元宇宙,其本质是人工智能等现代信息技术构建而成的第三空间,与二元空间共同形成三元空间,教学空间也由二元空间进入三元空间,教学理念由以教为中心转向以学生为中心,形成几类主要的空间场景。

一是智能教室。长久以来,教室是开展各类教育教学活动的主要场所,以人工智能为核心,融入物联网、大数据、学习分析等技术,不断完善课程智能环境设备、重构课堂教与学结构、建立全覆盖式管理系统。如教学环境感知管理系统利用人工智能、物联网技术感知并分析课堂内人与物的行为状态,从而调节适合学习者的最佳教学环境。学情分析和管理系统是利用人工智能、大数据技术对学习者的学业状态进行汇总和分析,诊断教学行为和效果之间的问题并提供解决方案。

二是智能实验室。实验室是高等教育开展科研研究和实践教学的重要场所,也是培养学生创新能力的教学空间。智能技术可用于维护和提高器材的使用效率、支撑精密研究和操作、提高学习者感知等方面发挥作用。例如,兰州大学开展的"化学实验室安全 3D 虚拟仿真训练实

---

① 王嘉毅,马飞.教学空间的历史因缘、本质属性及发展趋势[J].课程·教材·教法,2022（06）：57-64.

验"项目可以还原实验场景,利用交互功能模拟实验中存在的风险。

三是虚拟学习空间。得益于人工智能、虚拟现实技术的发展,学习空间由最初互联网时代的网络学习空间发展为数智化时代的虚拟学习空间,从人机分离到人机一体,学习者的具身体验不断增强,学习效果得到明显提升。目前,部分地区已开发沉浸式 VR 教学资源,虚拟学习空间将是未来教学空间的主要形态之一。

(二)教学方式转变:从均衡化到精细化

受教育理念和技术发展的限制,传统的教学方式以班级制授课为主要形式,现代工业模式下,课堂教学遵循均衡化原则,即将学习者视为同一水平,以统一的标准化教材作为授课资源,使用统一的教学方法和评价方式,实施规模化人才培养。在信息化时代,人工智能等技术作为辅助工具在教学中初步应用,发展至数智化时代,新一代人工智能具有五个显著特点:大数据智能、跨媒体智能、人机混合增强智能、群体智能和自主无人系统,智能技术与教育教学深度融合,技术对教学模式策略和方式方法的创新成为典型特征。大数据智能利用深度学习算法、大数据技术实现从数据到知识、从知识到决策的发展,有助于提升教学中的学情分析能力。跨媒体智能利用图像识别、语音语义技术实现跨媒体(环境、界面)认知和表征方式的统一,有助于提升教学中的跨学科知识生产。人机混合增强智能利用脑机接口技术实现更高程度的人机协同、脑机协同,符合以学生为中心的教育理念。群体智能是指万物智能、万物互联实现对教学全流程的智能升级。自主无人系统利用机器学习技术改变教学中的主体身份,出现了虚拟教师身份。

人工智能对教学的变革体现在教学活动的全流程,从教研、备课阶段的教材分析、学情分析,到课程上的教学监控、精准教学,再到课后的辅导和答疑。[1]人工智能从各个环节融入并重塑传统的教学方式,进而提升教学效率、教学质量和学习效果,教学方式从均衡化走向精细化。一是智能教研与备课。教研和备课是教学的基础环节,其质量在很大程度上影响到后续的教学效果。通过 5G 等技术能够实现区域内教研的

---

① 中国人工智能学会.中国智能技术发展报告(2019—2020)[M].北京:机械工业出版社,2020:68.

网络协同、数据挖掘、自然语言处理、学习分析等技术可以处理教学中产生的大量非结构化数据,以此针对学习者的需求和现实状态优化教学设计、合理组织教学资源、选择教学方法,智能推荐等技术则能针对不同课程内容获取并推荐相关教学资源,满足学习者个性化需求。二是智能授课与精准教学。人工智能改变了课堂教学生态,出现了"双师课程"的教学模式,即一名真人教师和一名人工智能技术生成的 AI 教师共同授课,利用 5G、视频技术等实现远程名师授课或虚拟授课,真人教师转向现场答疑和管理。此外,物联网技术的发展可以实现对教学过程中学习者学习行为的实时监测和分析,用以指导、评估和优化教学方式。三是智能答疑与辅导。答疑与辅导是课程教学的延伸,学习者对于重点、难点问题存在的疑惑往往存在共性,低阶人工智能就能实现对共性问题的预设,高阶人工智能则能实现一对一的针对性辅导。目前已有诸多人工智能产品能够实现智能出题、智能批阅、智能辅导等功能,但大部分仍处于低阶段。

（三）学习方式转变：从传统学习到融合性学习

从农耕时代的口口相传,到第一次工业革命时代的学徒式知识传授方式,再到第二次和第三次工业革命时代的班级制知识传授方式,都是以动作、声音、文字、图片、视频等作为载体记录和传播。因此,传统学习方式是以视觉、听觉感官为主接收信息,再转化为内部思维活动理解知识。进入数智化时代,学习中除了视觉、听觉感官的应用,触觉、味觉、嗅觉等感官也被充分调动,想象力、创造力等抽象的概念则具象化呈现。传统学习中学习者以场景之外的身份参与学习,在元宇宙中学习者直接进入学习场景内部参与学习。人工智能等技术融合而成的元宇宙改变了传统学习方式,转向多感官参与和突破时空的全要素融合性学习。[①]

人工智能对学习方式变革产生了深刻影响,促使人的全面发展朝着更智慧、科学、高效的方向前进,融合性学习呈现出个性化、协同化、终身化等特点。一是自适应学习。个性化是自适应学习的发展趋势,自

---

① 李小涛.元宇宙中的学习：融合学习者身份、时空的未来学习图景 [J].远程教育杂志,2022（02）：45-53.

适应学习是指在对学习者进行精准学情分析的基础上,依据学习者的学习状态动态组织学习资源并适应性推送学习内容,协助学习者规划学习路径。自适应学习使整个学习过程以学习者为中心,学习过程实现了学习者自主控制、教师个性化干预指导和系统个性化干预。二是分布式学习。协同化是分布式学习的发展趋势,分布式学习是指以学习者为中心,通过智能技术实现分布在不同空间的学习资源的交互,学习资源不再局限于固定的物理空间,分布式学习表现为高效的资源协同,是各类学习资源围绕学习者的集中建构,虚拟学习环境、5G 通信技术等为分布式学习创造了条件。三是泛在学习。终身化是泛在学习的发展趋势,泛在学习是指学习者可以在任何时间、任何地点通过智能设备获取任何学习资源的学习方式,泛在学习以联结主义为理论基础,利用人工智能、云计算、区块链等技术,打破了学习的时空限制。在泛在学习环境中,学习转变为学习者的自发或自然行为,学习者更为关注学习本身的内容,回归知识获取的本质,这与倡导终身学习理念的学习型社会是一致的。

四、人工智能驱动高等教育评价变革

《中国教育现代化 2035》提出,到 2035 年总体实现教育现代化的宏伟目标,实现高等教育现代化是我国教育现代化的重要环节。当前推进高等教育现代化进程的难题之一是如何破解高等教育中的评价问题,传统评价体系限制了高等教育高质量发展。高等教育评价体系涉及高等教育领域的多主体、多环节、多要素,如学术评价、学科评估、教育评价、教学评价、学习评价等类型,从已有的研究成果来看,人工智能等技术在教育评价、教学评价和学习评价中能够发挥重要作用,重构或重塑传统评价理念、评价机制、评价体系等。

(一)教育评价转变:从功利导向到育人导向

高等教育评价是指对高等教育质量的评价,是以高校为评价对象的整体性评价。我国高等教育评价体系的理论研究与现实实践尚处于起步阶段,正逐步完善评价理论体系和实践范式等。基于此,我国高等教育评价体系多是以自上而下的方式进行,由政府或市场主导实施评价,政府评价以结果导向为主,市场评价以盈利性为主。因此,"短平快"

成为当前各类评价的主要特点,由此,评价指标体系基本以量化指标为主,缺乏过程性和定性指标,而指标的科学性尚待进一步论证,高校往往依据评价排名作为发展目标,功利导向下失去了育人本质。

在数智化时代,人工智能、大数据等技术不仅能够从技术层面提升评价效率,其构建的智慧教育生态也将促使高等教育评价更加智慧、科学、高效,回归高等教育的育人本质。

一是教育评价理念由功利封闭到开放包容。区块链具有去中心化、公开透明、不可篡改等优势,利用区块链技术实现评价过程公开透明,以数据分析和信息化手段为抓手,改变自上而下的评价模式,提升评价体系的公信力。

二是教育评价主体由单一粗放到多维联动。高等教育评价主体不应只局限于政府和市场,而应是社会各方各界共同参与,物联网、泛在网络等现代信息技术使社会高度协同发展,为评价主体提供更多参与评价的渠道和方式,形成多主体、跨场景协同的局面。

三是教育评价指标由经验主义到数据主义。在信息化时代,评价指标已转换为数据的形式作为评判依据,但无法体现数据代表的指标间的关系,利用大数据、云计算、可视化等技术,可以实现对海量数据的智能分析,将数据间的关联转换为可表征、易理解的形式。

四是教育评价结果由结果导向到过程导向。数智化时代需要具备数字素养的复合型人才,以结果为导向的评价结果忽视了学生的综合素质,利用人工智能、大数据等技术可以实现对学生的动态监测和智能辅助,使教育评价结果回归学生本位。

(二)教学评价转变:从信息化到智能化

高等教育教学评价是指对教师促进学生主动学习的教学行为及质量的评价,[①] 可视为对教学价值的判断,对教学具有诊断、鉴定、反馈、导向等功能。[②] 因此,严格来说,教学评价也同属于教学变革的重要环节,侧重于对教师的评价。传统教学评价更关注于教学过程中"教师教"的

---

① 高巍,王莉娟.如何通过教学促进大学生主动学习?——美国大学 STEM 课堂教学评价系统 PORTAAL 研究及启示[J].开放教育研究,2019(01):55-61.
② 胡钦太,伍文燕,冯广,等.人工智能时代高等教育教学评价的关键技术与实践[J].开放教育研究,2021(05):15-23.

行为,而忽视教学过程中"学生学"的效果;教学评价指标更关注于对显性知识传授的考查,而忽视对能力、素养等隐性知识传授的考查;教学评价依据受技术发展限制,信息化阶段仅能追踪部分易识别的过程化信息,无法实现全程教学质量监测,且监测的最终目标也是以分数形式呈现,不利于优化教学方式;教学评价算法偏向共性评价,无法实现智能化、个性化评价。

数智化时代,人工智能等技术为解决教学评价中存在的问题提供了思路,人工智能是未来教学评价的重要支撑,也是实现智慧教育的关键环节,教学评价将由信息化转向智能化。

一是教学评价理念兼顾教与学的内在关联。教与学是一个有机整体,教学方式影响学习效果,学习效果反向促使教学方式调整。然而,如何建立教与学之间关系是尤为困难的,可以依据教学理论和学习理论,利用大数据技术、深度学习算法构建教与学的结构模型,提升教学评价理念的科学性。

二是教学评价指标兼顾普适性和个性化。教学评价指标不仅要关注教学结果的共性呈现,也要关注教学过程中教师与学生的个性化需求匹配,可在合理范围内通过传感设备采集教学过程中教师和学生的动作、姿态、情绪等数据,将其作为教学评价的关键指标,通过机器学习、自适应学习等技术不断优化指标体系。

三是教学评价方法由单模态数据到多模态数据。在信息化时代,教学评价主要依据教学成绩、学生测评、同行互评等分数类数据,进入数智化时代,教学评价方法更为智能,通过对声音、面部表情、生理信号、物理环境等多类型数据的分析,借助卷积神经网络、长短期记忆网络等算法对教学过程中产生的数据进行分析。

(三)学习评价转变:从规模化到精准化

高等教育学习评价是指对学习进行价值判断的过程,是支撑智慧学习实施的方向与路标。[①] 学习评价不等同于教学评价,教学评价包含了教学流程中学生学习效果的评价,而学习评价超越了教学流程,是以学

① 钟卓,钟绍春,唐烨伟.人工智能支持下的智慧学习模型构建研究[J].电化教育研究,2021（12）:71-78+85.

习者为中心发生的学习行为及质量的评价。本杰明·布鲁姆(Benjamin Bloom)将学习评价分为诊断性评价、形成性评价和终结性评价，[①]诊断性评价用以判断学习者当下的学习认知状态；形成性评价用以判断学习者在学习过程中"切片式"学习状态，不断反馈和引导学习者优化学习轨迹；终结性评价用以评估和总结学习者的最终学习情况，生成结论性测评结果。近年来，国内学习评价在信息技术的加持下，已实现对特定群体的学习情况进行规模化分析，从宏观层面把握学生的学习情况，适用于诊断性评价和终结性评价，但由于高等教育领域中不同高校专业的差异性，在对学习个体的学习评价以及过程性评价方面尚未有较好做法。

在数智化时代，以学生为中心的教育理念将成为主导，即时的学习评价是教学设计、课程设计等其他教学流程的首要参考依据，人工智能则是支撑学习评价即时性的关键技术，学习评价将由规模化转向对过程化、精准化的需求。

一是学习评价理念更加注重以人为本和数据主义。数据作为一种新兴生产要素，也将成为智慧学习中的关键要素，知识、行为等均以数字孪生形式存在，可以预见，以数据为驱动的学习评价是未来的发展趋势。学习评价的对象是人，学习评价的目标是更好地促进人的全面发展，评价理念在融入数据主义的同时，也应更为关注学习者的个性化需求。

二是学习评价指标更加科学合理。人工智能技术扩展了学习评价指标监测范围，可以利用神经网络和深度学习技术分析学习者的学习动机，通过动态认知计算模式诊断学习者的学习情况，借助人工智能中的情感分析技术判断学习者在学习过程中的情绪等。

三是学习评价方法更加精准化。人工智能等技术进一步赋能学习评价的三个环节，基于知识图谱技术构建学习者个性化知识图谱，优化诊断性评价；基于智能推荐技术和学习过程数据的学习路径推荐，优化过程性评价；基于聚类算法和用户画像技术的学习者画像建模，优化结果性评价。

---

① B.S.布鲁姆.教育评价[M].邱渊，王钢，夏孝川等，译.上海：华东师范大学出版社，1987：169.

高校英语教学概述

　　在人工智能时代背景下,高校英语教学面临各种发展机遇与挑战,只有充分把握机遇,才能迎合社会发展的趋势,培养出符合社会发展的高质量外语人才。同时,对高校英语教学应有一个正确的认知,熟悉其基本要素,结合时代发展要求进行全方位发展。本章重点对高校英语教学进行概述,包括高校英语教学的内涵与原则内容、理论依据,以及人工智能影响下的高校英语教学变革,为后面章节内容的展开做铺垫。

第一节　高校英语教学的内涵与原则

一、高校英语教学的内涵

(一)教学的内涵

"教"是教师的行为和动作。教的意义一般指"讲授""教授""传授"等,当然还可以指代教学。前者指的是古老的教授,后者是将"教"作为一门职业对待。在英语中,常用 teach 来指代"教",有的时候还用 instruct,因为 instructor 是教师的一种角色,而且有些学者认为这是主要角色。

就教的内容而言,可以包含知识、课程等;就教的主观性来说,可以是有意识地教,如"Professor widdowson teaches us discourse analysis.",也可以是无意识地教,如"The incident taught him a lot about the nature of the superpower"。这种研究深受第二语言习得理论的影响。

21 世纪是信息化、全球化的时代,为迎接 21 世纪的挑战,我国高校英语教学经过多次调整,英语已恢复了主要学科地位。在高校英语教学研究和实践中出现了一些新的理念,当今的高校英语教学呈现出以下几个新的特点。[①]

首先,当代的高校英语教学以创新作为教学理念;其次,高校英语教学更加注重培养学生的跨文化意识;最后,高校英语教学注重与互联网相结合。

---

① 段建敏.英语教学实践与反思[M].太原:山西人民出版社,2009:21.

（二）高校英语课堂教学的构成

1.教学内容

对于高校英语课堂教学来说,教学内容是它的构成要素之一。受时间、地点、班级、教师、学生及目标各种因素的影响,课堂教学内容会有所差别。短期来看,课堂的教学进度、教学和学习效果都会受到课堂教学内容的影响;长远来看,想要学生达到从中介语到目标语的积极进步,对于课堂教学内容的安排就要科学合理。

一堂课的上课内容应该在课前就做好决定。一种错误的观念认为对教学内容做决策十分容易,只需按照教科书的固有顺序授课就行了,这是十分盲目的行为。原因有两个:从整体的角度而言,某一本教科书的编排,其教学顺序是根据大纲的要求、教学原则和目标以及特定教学对象所编排的,这只适用于某一特定阶段,对于其他不同地区、学校和班级的学生,会发生不适用的情况。从局部的角度而言,课堂的教学内容应与此堂课的教学目的及教学任务合而为一,因此每堂课都应以此为依据做出一定的修改与调整,进行一些增减及顺序调整等。

在传统的高校英语课堂中,教师的教学只能根据教科书的固有顺序展开,对前后顺序进行调整就已经算是变革了。教师与学生的关系就像两个齿轮之间的关系一样,依靠特定轨道持续向前行进,但问题在于教师与学生怎么可能是没有自主权及自我意识的齿轮? 对于传统课堂来说,没有自主权就是它最大的弊病之一,教师尚且不能依据需要去选择教学内容,学生就更不可能实现了。经研究表明,课堂教学发展顺利与否与教师和学生是否对教学内容有自主选择权息息相关。当然,高校英语作为基础教育的内容之一,其教学范围和内容都由学生决定也不是一个理智的做法,上述观点只是希望能够适当增加师生在教学内容方面的自主选择权。那么对于教学内容的范围应该怎样划分呢?

所有人类文明的成果,包括各种物质文明与精神文明,都可以作为教学内容。教师在编排课堂教学内容的同时,把所有在学生语言能力范围内的内容集中到一起,既方便了学生的语言学习,也能最大可能地让学生学到更多的知识。

教学的内容还可以从语义系统、语言学系统、语用系统三个方面着手,教师在进行教学活动的内容安排上,要充分利用好这三个系统,以便进一步提高学生的语言水平以及形象思维能力,扩宽学生的逻辑思维与创造性思维。

语言课堂的教学内容不受学习材料的限制,可根据教学内容中的重点内容合理安排学生的活动内容。要想提高语言能力,离不开语言的实践。如何科学地将课本题材、语用特点以及语法要求三者进行结合,还能编排好合理且适合学生又可以提高学生技能水平的内容,是所有教师都应该探讨的问题。决定学生课堂活动是否有效的因素就是课程内容的安排,并且也是课堂教学内容的一个方向。教师根据相同的材料、结构以及语法提供不同的活动内容是最能反映出问题的。随着时代的不断进步,教学的理念以及技巧也在发生着变化,英语教师也逐渐开始尝试以前不太熟悉的活动方式,比如,对话的形式、小组讨论、角色扮演、趣味游戏等。故此,为对话设计剧情、为小组讨论规定的主题、角色扮演设置的中心思想等,都是教师必须考虑的内容。如果长时间忽略学生对内容表达的训练,将直接影响学生的英语思维能力、信息的接收能力以及表达能力。总而言之,课堂的教学内容不能局限于课本上的文章、词组以及语法等方面,还要制定一些新颖的方式,对课堂中所表达的内容提出相应要求,并进行详细且有计划的训练。

2.教　材

教材在课堂教学中占据至关重要的地位,它如同一条路径,引导着学生在知识的海洋中探索。然而,我们必须认识到,尽管教材是固定的,但学生是千差万别的。这就意味着,无论怎样的教材,在编写过程中都不可避免地受到编者自身水平和现有资料的制约,存在一定的不足之处。

在教学中,如果教师只是一味地追求完成教学任务,而无视学生的反馈,机械地按照教材的安排进行教学,那么这样的教学方式很可能无法达到提升学生学习效果的目的。因此,教师在教学过程中扮演着举足轻重的角色,他们需要具备灵活处理各种教材的能力,通过与学生在课上或课下的互动,了解学生的感受,以此来调整教学方法和进度。

3. 教　师

教师作为课堂教学的主要组成因素,不仅要把握整个课堂的进展,还要对学生做出恰当的、适时的指导。只有具备基本的专业素养和良好的职业素养才能够成为一名优秀的英语教师。从教学角度上来说,如果教师的发音欠缺,可以通过多媒体、视频及音频等形式进行相应教学,以保证学生学习的是正确的发音。教师在解说单词、课文和语句的过程中应该富有激情及活力,无聊沉闷的课堂很难激发学生学习的积极性,这样的教师也很难被学生喜欢。教师应该用热情饱满的精神面貌激发学生的热情,增加与学生的情感和思想交流,从而缓解课堂的沉闷气氛。

教师和学生主要是在课堂上进行交流,从而引导学生的情感,促使学生获得语言输入。学生语言学习的效果受教师课堂语言的直接影响。趣味性也是英语课堂中非常重要的一个问题,如果授课教师幽默风趣,那么学生会在更轻松的氛围里学习,有利于提高学生的注意力和积极性,学生的反应会反馈给教师,又会激发教师更强烈的教学热情。好的英语教师应该使用各种方法使课堂教学生动有趣。

4. 教学方法

教学方法是指师生为了完成教学任务而采取的教与学互相作用方式的总称,是实现教学任务的必要条件,是提高教学质量和教学效率的重要保证。现代教学方法强调启发式教学,反对注入式教学,提倡既承认学生是教育的对象,也承认学生是认识的主体,强调教师的主导作用和学生的积极性、主动性相统一。现代教学方法的运用原则是指在选择和运用教学方法时应遵循的一些基本指导思想。以下是现代教学方法常运用的原则。

（1）启发性原则

教学方法应该具有启发性,能够引导学生主动思考、发现和解决问题。这种教学方法强调学生的主体地位,发挥学生的主体作用,调动学生的积极性和主动性,培养学生的创新思维和解决问题的能力。

在启发性教学中,教师会通过问题引导、探究式学习、案例分析等方式来引导学生主动思考和学习。教师会设置具有启发性的问题或情境,激发学生的思维和好奇心,引导学生主动探究和解决问题。同时,教师也会给予学生充分的思考时间和空间,鼓励学生提出自己的想法和见解,引导学生深入思考和探究。

（2）直观性原则

教学方法应具有直观性,能够帮助学生更好地理解和掌握知识。教师应根据教学内容和学生的实际情况,选择合适的直观教学手段,如实物展示、图片演示、实验操作等,以增强学生的感知和理解能力。

（3）循序渐进原则

教学方法应遵循循序渐进的原则,根据学生的认知规律和学科特点,逐步引导学生掌握知识和技能。教师应注重基础知识的掌握和基本技能的培养,避免急于求成和拔苗助长。

（4）巩固性原则

教学方法应注重巩固性,帮助学生巩固所学知识和技能。教师应根据学生的实际情况和学科特点,采取多种形式的复习和巩固措施,如课堂提问、练习设计、单元测试等,以加深学生对知识的理解和记忆。

（5）反馈性原则

教学方法应注重反馈性,及时给予学生反馈和评价。教师应根据学生的实际情况和教学目标,采取多种形式的反馈和评价措施,如课堂表现、作业批改、考试成绩等,以了解学生的学习情况和效果,及时调整教学方法和策略。

（6）因材施教原则

因材施教即根据学生的个性差异和需求特点,选择合适的教学方法和内容。教师应尊重学生的个性差异,注重学生的个性化需求和发展,为每位学生提供适合自己的教学方案。

总之,在实际教学中,教师应根据具体情况选择合适的教学方法,并灵活运用这些原则,以提高教学效果和质量。

二、高校英语教学的原则

（一）间接经验与直接经验相统一原则

间接经验指的是通过学习他人的认识成果来获取知识,主要指的是人类历史经验的积累和传承,通过书籍、教材、多媒体等媒介进行传递。间接经验的学习可以帮助学生快速掌握人类长期积累的基本文化知识和技能,提高认知效率,避免重复前人的错误。

直接经验是指学生通过亲身参与实践活动,直接获取感性认识。这种经验通常是在实际操作、实验、观察、调查等活动中获得的。直接经验的学习可以帮助学生将所学知识应用到实际情境中,增强实践能力和创新能力,同时也可以激发学生的学习兴趣和主动性。

在高校英语教学过程中,间接经验和直接经验是相互联系、相互促进的。教师需要将间接经验和直接经验相结合,既要注重系统知识的传授,也要注重学生的实践操作和感性认识的培养,这样才能帮助学生全面发展,提高英语教学质量和效果。

（二）掌握知识与发展智力相统一原则

知识是经过人类长时间积累和总结出来的,是对于客观世界规律和人类经验的总结。通过学习知识,人们可以快速地获取前人的经验和智慧,掌握基本的文化知识和技能。

智力是人类认识世界和解决问题的关键能力。在英语教学过程中,学生掌握知识和发展智力是有机统一的:一方面,学生需要学习大量的知识,掌握基本的概念、原理和技能,这是进一步发展智力的基础;另一方面,通过发展智力,学生可以更好地理解和应用所学英语知识,促进英语知识的掌握和应用。因此,在英语教学过程中,教师需要注重英语知识传授和智力发展的统一,帮助学生既掌握基本的英语知识和技能,又发展智力,实现素质的全面发展。

（三）掌握知识与提升思想品德相统一原则

在掌握知识与发展能力的过程中，学生不仅需要学习基本的知识和技能，还需要培养自己的思想觉悟和道德品质。这些品质包括爱国主义、集体主义、社会责任感、职业道德等，都是学生成为未来社会有用之才所必须具备的。

同时，在英语教学活动中，教师也需要注重引导学生形成正确的意识形态、文化观念和伦理道德。教师可以通过自己的言谈举止、教学材料、教学方法等方面，向学生传递正确的价值观和文化观念。这样不仅可以帮助学生更好地掌握英语知识，还可以提高他们的思想觉悟和道德水平。

（四）教师主导作用与学生主体作用相统一原则

首先，教师作为英语教学过程的设计者、实施者和引导者，具有非常关键的作用。教师需要根据英语教学内容、学生特点和学习目标，制订合理的教学计划，选择适当的教学方法，组织并引导学生的学习活动。同时，教师还需要关注学生的学习进程，及时调整教学策略，解决学生在学习过程中遇到的问题，激发学生的积极性和主动性。

其次，学生是英语教学过程的主体，具有主观能动性。学生是英语知识的接受者、建构者和创造者。在英语教学过程中，学生的学习态度、方法和效果直接影响到教学质量。因此，学生需要积极参与英语教学过程，发挥自己的主动性、创造性和实践能力，与教师共同完成教学任务。

（五）智力因素与非智力因素相统一原则

英语教学活动既需要师生智力的参与，也需要非智力的情感和动机等因素的参与。学生需要在智力因素，如观察、记忆、思维和想象的充分发挥基础上，借助非智力因素，如兴趣、动机等来调节自己的英语学习和认知过程。只有在智力因素和非智力因素相统一的前提下，才能顺利开展英语教学。

第二节　高校英语教学的理论依据

一、社会文化理论

(一)以调节为核心的高阶心智功能发展机制

调节是社会文化理论中的核心概念之一,是人类高阶心智功能发展的核心。社会文化理论的核心观点是,人类与物质世界和符号世界的相互作用不是直接的,而是间接的,是被文化建构的辅助工具调节的。这些辅助工具产生于人类参与文化活动的过程中,在这些文化活动中,文化制品和文化概念以一种复杂、动态的方式和彼此以及(有生物基础的)心理现象互动。人类的高阶心智功能就产生于上述文化和生理传承的不断互动中。图2-1展示了人类与外部世界间接的、被调节的关系。

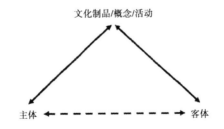

图2-1　人类与外部世界间接的、被调节的关系

正如人类使用工具来调节其与物质世界的关系一样,人类使用符号工具(symbolic tools)或文化制品(culturally artifacts)向外调节与物质世界的关系,向内调节与自我的关系。认知发展意味着人类逐渐获得调节自己的心智活动的能力。借助调节概念,可以理解人类如何发展高阶心智功能。人类和其他动物一样有发展低阶或自然心理过程的生物学基础,而人类独有的则是当社会、文化形式的调节作用被内化成为高阶心智功能,从而从根本上改变这种生物学基质的高阶认知发展过程,是人类控制认知,获得自我规约的过程。

对于儿童而言,维果茨基(Vygotsky)认为,儿童在成长过程中通过持续参与和成人的社会互动学会使用符号工具,特别是语言。[①]具体过程是,成年人在与儿童共同的、目的明确的活动中使用言语工具(verbal tools),目的是规约或调节儿童的行为。儿童借用(appropriate)这些工具并以私语(private speech)的形式来组织、计划、指导、评价自己的行为。当儿童逐渐掌握这些言语工具,即这些工具逐渐被内化(internalize)时,它们将转化为内部言语(inner speech)。通过内部语言,儿童自我规约心智功能及活动。在以上过程中,儿童的认知发展经历了从客体规约(object regulation)到他者规约(other regulation),最后到自我规约(self-regulation)的阶段,而自我规约的特点就是儿童能够使用符号工具进行自我调节(见图2-2)。

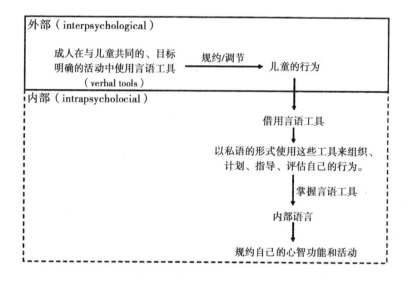

图 2-2　儿童高阶心智功能发展的社会文化实践及其调节机制

上述儿童高阶心智功能的发展过程反映了人类高阶心智功能的发展过程。人类的高阶心智功能在发展过程中会出现两次,一次出现在人际间(interpersonal),第二次出现在内心中(intrapersonal)。这种

---

① Vygotsky, L.S. *Mind in sociely*：*The development of higher psychological process*[M]. Cambridge: Harvard University Press, 1978: 215.

认知功能从心理间层面（interpsychological）移动到了心理内的层面（intrapsychological）的过程就是内化。内化概念反映了维果茨基对个体和环境之间辩证关系的认识,他认为,生物学基础和社会世界对人类的心理功能发挥作用都是必要的,文化使所有个体超越生物学的限制。这种对高阶心智功能从心理间到心理内的发展过程的认识对理解人类高阶心智功能的发展有着非常重大的意义。

因此,从社会文化理论视角来看,高阶心智功能发展的过程就是人类不断参与社会文化实践,在文化制品、社会互动和概念等的调节作用下,内化符号工具为心理工具,并且在心理工具的调节作用下自我规约高阶心智功能的过程(见图 2-3)。高阶心智功能发展的过程亦即学习的过程。这种从外到内的转化不能孤立或自动发生,而是被文化制品和社会文化实践活动、概念和社会互动等调节工具调节发生。在学校教育中,科学概念和师生对话互动对学习者的学习过程发挥着尤为重要的调节作用。

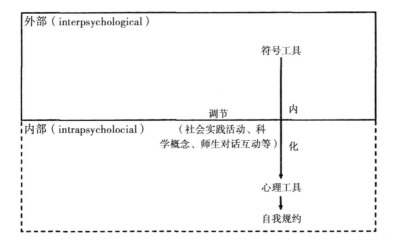

图 2-3　学习的社会文化实践及其调节机制

心理工具是外部的符号工具独特的社会表现形式,在人类高阶认知活动中发挥着极为重要的作用。人类能够使用心理工具来调节与物质世界和自我的关系,还能够调节高阶心智功能的发展。因此,心理工具根据个体或共同体的需要被历史文化所塑造、传承、改造,同时向内塑造人类的高阶心智功能发展。波赫纳（Poehner）认为,教育的主要目标是帮助学习者发展心理工具,从而帮助他们以越来越复杂的方式和世界互动。①

（二）社会文化给养对调节机制发挥作用的影响

社会文化理论强调社会文化历史情境在人类高阶心智功能发展中的重要作用,强调文化制品和活动、概念和社会互动对人类高阶心智功能发展的调节作用,而生态学视角同样强调学习情境在人的高阶心智功能发展中的重要作用,关注学习过程中学习者和学习情境之间的互动关系。

社会文化理论和生态学视角都关注学习者和社会文化情境中的物质或符号制品之间的互动和协商,也就是说,二者均强调社会文化情境对人的高阶心智发展的调节作用。从社会文化理论与生态学视角相结合的视角来看,学习是被调节的、情境化的活动,逐渐产生于学习者与社会文化情境之间的互动中,而生态学中的给养概念与社会文化理论中的调节概念密切相关,强调主体与学习情境的互动关系。

社会文化理论的核心观点是,人类的高阶心智功能是通过参与社会文化实践活动产生和发展的。认知发展的过程就是外在的社会互动被内化为心理工具的过程。这种高阶心智功能从外部到内部的转化不能独立或自动发生,而是被调节发生。也就是说,认知发展或学习的过程不是一个将外部的技能或知识直接挪用到内部的过程,而是一个由高阶心智功能外部被调节的活动逐渐移动到内部由个体学习者所调节的过程。因此,认知发展的过程不只是一个文化弱化或挪用已有社会文化资源和实践的过程,而是一个将这些资源和实践根据个体学习者的需求重新建构和转化的过程。因此,个体学习者如何学习,他们学习了什么以及他们如何应用所学到的知识由个体学习者之前的经历、学习发生的社会文化情境和个体学习者的需求所决定。也就是说,以调节为核心的高阶心智功能的发展是一个高度个性化的过程。

社会文化理论中核心概念调节无法清晰地解释人类高阶心智功能发展的复杂性,说明调节工具在个体学习者的学习过程中发挥的高度个性化的调节作用,而将生态学理论中的给养概念与调节相结合,能够充

---

① Poehner, M.E.*Dynamic assessment：A Vygotskian approach to understanding and promoting second language development*[M]. Berlin：Springer, 2008：196.

分体现调节的复杂机制,增强社会文化理论对人类高阶心智功能发展的解释。

在生态学中,"给养"最初用来指生物体和环境中特定特征之间的相互关系,被定义为"环境为其中的动物所给予、提供和配置的,无论是积极还是消极的"。在自然环境中,当动物协调与环境的关系时,给养被感知、理解并且提供进一步行动的机会。对于不同的生物体而言,环境所提供的给养不同,由生物体的行动、需求以及其对学习者的作用所决定。

吉普森(Gibson)认为,给养既不是主体也不是客体的特性,而是主体与客体之间的关系。[1] 给养是意义潜势,或者说是一种行动潜势,当人类与物质和符号世界互动时涌现出来。意义涌现的先决条件是行动、感知和阐释在相互加强的循环中(详见图2-4)。

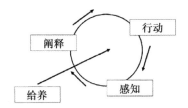

图2-4 给养概念图

因此,从生态学视角来看,社会文化情境中调节工具的存在并不足以使它们成为调节工具,需要主体在参与社会文化实践活动时主动地感知、阐释这些调节工具及其作用。也就是说,生态学视角和社会文化理论都强调学习者的主观能动性。语言学习者不仅仅是将语言输入转化为输出的处理器,而应该被理解为能动的主体,而非知识的被动接受者。从生态学的视角来看,这意味着个体学习者就像处于生态环境中的生物一样,虽然所处的生态环境相同,不同的生物体对环境的感知是不同的。

不同于自然给养,提供社会文化给养的人工制品的设计中包含历史、社会或文化信息,因此,这些人工制品对人类而言有特定的用途。对于个体学习者而言,学习情境所提供的社会文化给养是不同的,由个体学习者的行动、需求以及其对学习者的作用所决定。当社会文化情境

---

[1] Gibson, J.J. *The ecological approach to visual perception*[M]. Mahwah NJ: Lawrence Erlbaum, 1979: 156.

中的调节工具与学习者的需求匹配时,调节工具就能为学习者的认知发展提供社会文化给养。也就是说,社会文化给养是环境与学习者之间匹配的关系,如果个体学习者感知不到其存在的话,社会文化给养就不存在。社会文化给养被感知到后,能动的个体学习者阐释并将其转化为学习行动。因此,将社会文化给养概念与社会文化理论相结合强调了能动的个体学习者及其所处的社会文化情境之间的相互关系。从二者结合的视角来看,学习的过程是个体学习者感知学习情境中丰富的社会文化给养,并将这些行动可能性转化为学习行动的过程。

上述对学习过程的基本认识符合社会文化理论对学习过程的基本认识。在探讨个体和社会文化情境之间的关系时,学者们认为,个体与其环境之间的关系是互相定义的。也就是说,对于不同的个体而言,环境所提供的社会文化给养是不同。在解释个体发展和行为时,个体和环境不应被看作不同的因素,在个体发展的过程中,个体和环境之间的关系是相互塑造的。因此,环境对于每个年龄和心智能力不同的儿童而言,并不是完全相同的。例如,同样的一本书,一开始儿童可能只是撕碎这本书,随着儿童的成长,书就能够被儿童所阅读和赏析。也就是说,对于每一个个体而言,物理环境可能是完全客观的,但随着个体不同的阐释,没有完全客观的社会文化情境。因此,作为社会文化情境的核心组成部分,调节工具对个体发展的调节作用是高度个性化的。也就是说,调节是一个非常复杂的概念。

因此,将社会文化给养与调节这两个概念相结合,能够体现出调节机制的复杂性和动态性,从而增强了社会文化理论对人的高阶心智功能发展的解释力。高阶心智发展是学习者与社会文化情境不断互动的结果。在高阶心智发展的过程中,学习者不断感知和阐释学习情景中的社会文化给养,即调节工具能够如何为其所用,进而采取相应的学习行动。在此过程中,个体学习者对调节工具的感知和阐释是高度个性化的,逐渐出现于他们与社会文化情境的不断互动中。

学习文化,即不同文化共同体的成员对如何教或学,不同的偏好、预期、理解、价值观和信念,是影响学习者理解和参与学习活动的重要因素之一。学习者理解和参与学习活动的方式受到其动机的影响,在具体的学习活动中,学习动机表现为学习者的学习目标。因此,个体学习者对调节工具的感知和阐释受其学习动机和学习目标的影响。而学习动机和学习目标又进一步受到学习者过往学习经历、重要他者(父母)、课程设置及要求、学习者的学习信念和内在学习兴趣等因素的影响。

二、克拉申的输入假说

克拉申(Krasen)于 1985 年提出输入假说,该理论是克拉申在输入理论研究方面较为成熟完整的一个理论。克拉申的输入假说包括习得学得假说、自然顺序假说、监察假说以及情感过滤假说。输入假说阐释了二语习得的过程。[①] 克拉申认为在二语习得过程中,学习者通过可理解输入来学习目标语言。可理解输入是指输入的内容在学习者可接受、可理解的范围之内,同时又要稍高于他们现在的认知水平。学习者现有的认识水平为"i",学习者现在的水平与进入可理解输入范围后达到的水平之间的距离为"1",最后实现或达到的水平即为"i+1",该公式也是克拉申输入假设的重点。通过该假说,我们发现语言学习者若要提高语言能力,进行可理解性输入是不可或缺的环节。

然而输入假说也存在着一些局限性,输入假说认为大量可理解的输入可以提高学习者语言能力,但单方面的语言输入而没有输出,学习者的语用能力没有得到提升,而斯温(Swain)的输出假说正好弥补了这一局限性。

三、斯温的输出假说

斯温在加拿大法语沉浸式教学研究中发现单方面的、大量的可理解性输入并不能达到语言输出的目标。[②] 因此,斯温提出输出假设理论,她认为在二语习得过程中必须进行大量的输出练习,仅有语言输入是不够的。她基于输出和输入在语言习得中的不同作用提出了可理解性输出。斯温指出在学习者进行语言输出时,可以扩大他们中介语的知识并提高他们的交际能力。这说明学习者的输出也要在原有的基础上可理解地输出,才能更高效地将输入转化为内在知识再输出,提高语用能力

---

① Krashen, S. *The Input Hypothesis: Issues and Implications*[M].New York: Longman, 1985: 169.
② Swain M. Communicative competence: Some roles of comprehensible input and comprehensible output in its development[J]. *Input in second language acquisition*, 1985(6): 29.

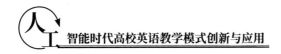

和整体的语言能力。

斯温的输出假说认为输出在二语习得中发挥三个功能：第一，注意式触发功能，即学习者对自身的语言形成或不足并产生注意，从而增加学习者学习的兴趣并触发学习的认知加工程序，有利于下一步的加工与习得；第二，检验假设功能，在输出过程中，学习者可以检验输入材料的语言形式的正确性和自身知识的掌握程度，以达到对输入的更深层的理解，内化知识，提高语用能力的作用；第三，元语言反思功能，元语言反思是用语言对语言进行反思和思考，并在输出过程中通过语言的表达来对语言的形成和结构进行思考。

产出导向法是以输入假设和输出假设为理论基础。从输入角度说，在产出导向法的促成阶段，教师要提供学生输入材料以助于学生完成产出任务，使语言输出目标顺利完成；从输出角度说，在产出导向法的驱动阶段使用输出驱动，让学习者尝试输出，从而发现不足并产生兴趣。产出导向法最终在克拉申输入假说和斯温的输出假说基础上，提出了"输出—输入—输出"的教学环节，最终达到语言输出的目标。可见，产出导向法的提出不是毫无根据的，也不是一蹴而就的，而是分析了输出输入的优缺点并综合了优点而创新形成的一种完整的有科学性的教学理论。

第三节　人工智能影响下的高校英语教学变革

一、人工智能对高校英语教学的影响

在当今信息化时代，人工智能技术得到了广泛的应用，其应用于英语教学领域，使教学模式发生了深刻的变革。原先单一的传统教学方式，正逐渐被智能、高效、泛在、精细的英语教学方式所取代。人工智能技术的融入为英语教学赋予了全新的内涵和外延，让学习变得更加便捷、个性化和富有成效。

首先，人工智能技术使英语教学变得更加智能。通过先进的技术手段，如自然语言处理、语音识别等，教学系统能够自动分析学生的学习需求、学习进度以及学习成果,为学生量身定制个性化的学习方案。这样一来,教师能够根据系统提供的智能分析结果,有针对性地进行教学辅导,提高教学效果。

其次,人工智能技术助力英语教学实现高效。在传统的教学模式中,教师往往需要花费大量的时间和精力进行课堂管理、批改作业、解答疑问等。借助人工智能助手,这些烦琐的工作得以自动化处理,使教师有更多的时间关注学生的个体差异,进行深度辅导。同时,智能教学系统还能实时监测学生的学习状态,对学生的学习问题进行及时干预,提高学习效率。

再者,人工智能技术使英语教学更加泛在。借助移动互联网和云计算等技术,英语教学可以突破时间和空间的限制,实现随时随地学习。学生可以通过手机、平板等移动设备,访问在线教学平台,学习课程内容,参加实时互动课堂。这样一来,学习不再局限于课堂,而是融入日常生活中,大大拓宽了学习场景。

最后,人工智能技术让英语教学更加精细。通过大数据分析和机器学习算法,教学系统能够精确地掌握学生的学习需求、学习习惯和兴趣爱好,为学生推送最适合他们的学习资源。同时,智能教学系统还能对学生的学习行为进行实时跟踪,对学生的学习成果进行多维度评估,为教师和学生提供详细的学习反馈,以便调整教学策略,实现精细化教学。

总之,在人工智能技术辅助下,英语教学正朝着智能化、高效化、泛在化和精细化的方向发展。这一变革不仅提高了英语教学的质量,也为学生提供了更加个性化、富有成效的学习体验。

（一）改善了英语教学环境

在人工智能时代,英语教育教学环境正在经历一场深刻的变革,那就是深入的数字化。数字化英语教育、智慧教学、智能英语学习系统等新兴模式正在逐步改变传统的英语教学方式。

首先,数字化英语教育是一种基于互联网和多媒体技术的英语教学方式。它利用网络平台,提供丰富的教学资源和互动学习环境,使学习者可以在任何时间、任何地点进行学习。数字化英语教育不仅提供了更加便捷的学习方式,还为学生提供了更多的学习资源,如视频、音频、电

子书籍等。此外,数字化英语教育还可以根据学生的学习进度和需求提供个性化的学习方案,提高学习效果。

其次,智慧教学是一种利用人工智能技术进行教学的方法。智慧教学系统可以自动分析学生的学习数据,为学生提供个性化的学习建议,提高学习效果。例如,智慧教学系统可以通过分析学生的学习记录,了解学生的学习习惯和方式,然后为学生推荐合适的学习材料和方法,提高学习效果。此外,智慧教学系统还可以根据学生的学习进度,自动调整学习难度,使学习更加有趣和有效。

再次,智能英语学习系统是一种基于人工智能技术的英语学习系统。它可以通过语音识别、自然语言处理等技术,为学生提供更加智能化的学习体验。例如,智能英语学习系统可以通过语音识别技术,为学生提供实时翻译服务,使学生可以在学习英语的同时提高自己的口语表达能力。此外,智能英语学习系统还可以通过自然语言处理技术,为学生提供个性化的学习建议,提高学习效果。

随着智能技术的不断发展与升级,宏观的教育环境将整体嵌入虚拟的数据空间,教育环境中的一切人与物及教育过程中的所有言行活动都将在不知不觉中被悉数掌握。例如,人脸识别技术自动完成英语课堂师生签到;自启系统自动开启语音辅助设备;监控系统自助安全预警;传输系统自动将生成英语口语训练信息实时上传平台;人工智能系统直接以数字记录学习人数、学习时间、学习内容等。智能英语教学系统将英语教学嵌入灵活自如、虚实多元的框架内。数智技术推进了英语教育数字化、英语学习智慧化的进程。

(二)促进英语教学范式多模态化

智能技术的进步对英语教与学的方式产生了深远的影响。ChatGPT,作为最近广受关注的基于人工智能技术的自然语言生成模型,以其强大的功能和便捷性,改变了人们获取和交流信息的方式,也推动了英语教学的改革。

首先,ChatGPT可以模拟自然语言对话,为学生提供更加真实、自然的语言环境。这种模拟不仅可以帮助学生提高口语能力,同时还可以让他们在交流过程中得到关于发音、词汇及语法等方面的反馈和建议。这种交互式的学习方式,有利于学生的主动参与,提高他们的积极性,也有利于形成学生的语言思维习惯。

其次,ChatGPT可以生成大量的语言材料,帮助学生扩大词汇量,提高英语阅读与写作能力。这些生成的材料可以根据学生的需求和水平进行定制,从而更好地满足学生的学习需求。同时,ChatGPT还能针对学生的学习情况进行个性化生成,提供高质量的学习建议,这种学习方式可以提高学生的学习效果。

此外,国内的一些AI英语学习软件,如百词斩、英语流利说、英语趣配音、英语魔方秀、百度文心一言、自适应英语学习系统等,也在英语教学中发挥了重要作用。这些软件通过人工智能技术,为学生提供了丰富的学习资源和学习方式,如单词记忆、语法练习、口语练习、听力训练等,从而使英语学习变得更加轻松、高效。

人工智能技术在英语教与学中的应用使英语学习变得更加便捷、高效,也使学习过程变得更加有趣。同时,这种应用也推动了英语教学的改革,使教学方式更加多样化、个性化。

(三)优化英语教学与学习过程

人工智能在教育领域的应用已经深入到教学的各个环节,尤其是在英语教学方面,人工智能的赋能作用更是显著。通过对教学过程的优化与完善,人工智能和数字技术推动了教学流程的良性循环。在"数智"背景下,人工智能和数字技术能够有效地渗透到英语教学过程的各个环节,提供了强大的支持。

数据分析在构建智能化教学环境中起到了关键作用。人工智能能够对大量的教学数据进行深度分析,为教师提供有针对性的教学建议。例如,通过对学生学习数据的分析,教师可以了解学生的学习进度和学习习惯,调整教学策略,提高教学效果。多模态教学模式的应用也是英语教学优化的关键。在"数智"背景下,人工智能和数字技术能够支持多模态教学模式的应用,如在线教学、虚拟现实教学等。这些教学模式能够有效激发学生的学习兴趣,提高学生的学习效果。均衡分配教学资源也是英语教学优化的重要环节。人工智能和数字技术能够对教学资源进行合理分配,确保每位学生都能获得充分的学习资源,例如,通过人工智能技术,教师可以根据学生的学习需求和进度智能调整教学资源的分配,提高教学资源的利用率。

（四）为学习者提供个性化、差异化辅导

个性化教学方案的实施也是英语教学优化的关键。人工智能和数字技术能够支持个性化教学方案的实施，根据学生的学习特点和需求，提供个性化的教学服务。例如，通过人工智能技术，教师可以根据学生的学习数据制定个性化的教学计划，提高教学效果。差异化教学辅导和精准教学测评也是英语教学优化的关键。人工智能和数字技术能够支持差异化教学辅导和精准教学测评的应用，从而提高教学效果。例如，通过人工智能技术，教师可以根据学生的学习数据进行精准的教学评估，为自己提供有针对性的教学建议，提高教学效果。

（五）强化学生在学习中的主体地位

在我国教育领域，人工智能助手正逐步成为教学改革的重要推动力。ChatGPT、GPT-4等强大的架构模型技术及功能实现了在内容生成及多轮对话层面的颠覆性革新，为AI英语教学带来了全新的深层路径。ChatGPT、GPT-4等生成式AI在英语语言习得与教学方面引发了新一轮创新浪潮。这类软件可以成为学生学习的好帮手，实现个性化辅导、会话练习、创意写作协助、评估和考核测验。通过与学生进行多轮对话，生成式AI可以更好地理解学生的需求，提供有针对性的学习建议。

此外，生成式AI在自学自测、内容翻译、虚拟学习、小组复习、作业协助、考试准备等诸多方面发挥了积极作用。这些AI助手能够帮助学生自主安排学习计划，实时掌握学习进度，为学生提供便捷的学习工具。在教学实践中，生成式AI扮演了智能导师、智能助教、智能顾问、智能学伴等多种角色，参与到教学活动中，增加了学生自主学习的兴趣，强化了学生的主体地位。教师可以通过AI助手了解学生的学习情况，为学生的学习提供更有针对性的指导。

（六）有助于提高教学效率及教学质量

智能英语教学与学习系统是一种新型的教学模式，其运行方式按照既定的程序进行。这种系统的运行方式可以使其更好地分析和处理大量的数据,提高系统的精确度。精确度的提高意味着系统能够更准确地识别和理解学生的学习情况,为其提供更加全面和准确的英语知识。

智能英语教学与学习系统在英语发音、语法规则和词汇运用等层面具有更高的准确性。这是因为系统能够利用先进的人工智能技术,如ChatGPT,对大量的语言数据进行分析和处理,使其对语言的理解和运用更加准确。这种准确性不仅能够提高学生的学习效果,也能够提高教师的教学质量。

此外,智能英语教学与学习系统还具有科学、客观地检测学生学习情况的能力。系统可以通过对学生的学习行为和学习结果进行监测,实时矫正学生的学习错误,及时改进学生的学习方法。这种科学、客观的检测方式有助于提高学生的学习效率,同时也能够提高教学质量。

在实际应用中,智能英语教学与学习系统已经被广泛应用于英语教学中。例如,在英语课堂教学中,系统可以根据学生的学习情况自动调整教学内容和教学方式,提高学生的学习效果。此外,系统还可以为学生提供个性化的学习建议,如推荐适合学生的学习资料,或者根据学生的学习进度,自动调整学习难度。

二、人工智能赋能英语教学的不足

(一)德育教育的弱化

人工智能(AI)和AI助学系统,无论其背后的技术原理如何,其核心都是机器,它们的行为和运行都是受到冰冷的程序控制的。这种控制使它们缺乏主观意识,只有"智商"而没有"情商"。

然而,教育,尤其是英语教育,其特殊性使它需要更多的因素来推动学生的成长。英语教育不仅是一种语言学习,更是一种跨文化交流,涉及文化差异和意识形态的复杂性,这就需要引入思政教育,以帮助学生理解和尊重不同的文化背景和价值观。

人工智能虽然可以提供大量的信息和学习资源,但是它并不能真正理解和引导学生的思考。它缺乏人文情感,无法引导学生树立正确的人生观、世界观和价值观,也无法培养学生的家国情怀和社会责任感,更无法在人格魅力层面发挥榜样力量。

（二）不会自主思考，无法开展灵活教学

在教学活动中，人工智能的应用已经越来越广泛，其中，虚拟 AI 教师作为一种新型的教育方式，得到了许多教育工作者和学生的青睐。然而，尽管虚拟 AI 教师可以根据学生的能力与水平为其定制相应的英语授课内容，虚拟 AI 教师也可以与学生进行一定的沟通与互动，但它仍然存在一些明显的局限性。

首先，人工智能的建构原理只是模仿人类，是在程序指令下依托人类智慧而建立的各种模型。这意味着，人工智能在本质上仍然是一种被动的工具，它只能根据预先设定的指令和模型来执行任务，而无法真正理解和主动思考。因此，它无法开展真正有深度、有情感、有思想的有效沟通。

其次，尽管虚拟 AI 教师可以与学生进行一定的沟通与互动，但它缺乏自主学习和创新能力。由于它的学习过程完全依赖于人类的输入和反馈，因此，它无法主动学习和改进自己的教学方法。此外，由于它不具备思维能力，也无法理解学生的真实需求和反馈，因此，它无法根据课堂教学情况灵活调整教学模式与授课内容。

最后，虚拟 AI 教师也无法自主开展教学创新。由于它缺乏自主学习和创新能力，因此，它无法主动探索新的教学方法和策略，也无法根据学生的需求和反馈进行教学创新。

因此，尽管虚拟 AI 教师在教学活动中具有一定的应用价值，但它仍然存在一些明显的局限性。为了更好地发挥其作用，需要进一步研究和改进人工智能的教学方法和策略，使其能够更好地适应学生的需求和反馈，提高教学效果。

（三）离不开人的指令与配合

智能英语学习系统作为现代教育技术的重要组成部分，其应用范围已经从传统的课堂教学扩展到在线教育领域，如在线英语课程授课、自适应英语学习系统等。然而，这些智能系统并非完全替代了教师的角色，而是成为教师的助学教具。智能英语学习系统能够提供广博的知识，既能辅助教学，也能提供学习支持服务。

虽然智能英语学习系统具有诸多优点,但它们并非完全替代了教师的角色。英语教学活动是复杂的多元化互动过程,教师在活动中扮演着组织者的角色。智能技术是赋能人而不是代替人,而且在教育过程中,教师与学生之间的情感交流和互动决定着教学的进程与效果,这些都由教师操控,智能系统只是教师开展教学的助学教具。

（四）容易造成信息泄露,产生评估偏差

人工智能技术在教育领域的应用,如智能教学系统、智能评分系统等,为教育改革提供了强大的支持。然而,随着人工智能技术的广泛应用,也暴露出一些潜在的问题和风险。

首先,人工智能技术存在技术漏洞。这些漏洞可能存在于算法设计、系统架构、数据处理等各个环节。一旦这些漏洞被恶意利用,可能导致数据泄露、系统失控等严重后果。例如,深度学习模型中的梯度消失或梯度爆炸问题,可能导致模型训练不稳定,甚至无法收敛。这些问题需要持续的技术研究和改进,以提高人工智能技术的稳定性和安全性。

其次,人工智能技术的应用过程中可能存在人为因素。如教师的主观判断、学生的情绪波动等,都可能影响教学效果。此外,教师的操作习惯、教学策略等也可能影响人工智能技术的应用效果。因此,在人工智能技术应用的过程中,需要加强教师的培训和教育,提高教师对人工智能技术的理解和应用能力。

此外,教学过程中的网络安全问题也需要引起重视。教学系统可能因系统技术问题而受到网络安全攻击,如病毒感染、黑客攻击等。这些攻击可能导致教学数据泄露、系统瘫痪等后果。因此,需要对教学系统进行定期维护和更新,以提高系统的安全性和抗攻击能力。

最后,当教学系统出现代码漏洞时,人工智能可能会生成带有"偏差"的评估论断及反馈建议,这将对教学产生误导。例如,在口语考试中,人工智能系统对学生英语口语的测评结果尚不能作为最后的成绩,还需要与真人考官的打分相结合来完成测评。因此,需要对人工智能系统的评估论断和反馈建议进行校验和修正,以提高评估的准确性和公正性。

（五）存在被误用、滥用的风险

在现代社会，人工智能（AI）的普及与便捷性已经深入到了各个领域，其中就包括教育领域。AI 的引入为学生提供了便捷的学习工具，例如，智能学习系统使学生能够更高效地获取知识。然而，与此同时，AI 也面临着被误用、滥用的风险。由于 AI 系统的便捷性和可利用性，它受到了广泛的欢迎，但同时也增加了智能学习系统被滥用、误用的风险。此外，AI 还可能成为作弊的帮凶，或者对学生做出错误的判断。

为了防止 AI 在教育领域的滥用，一些国家已经开始采取措施。例如，美国、德国等国家的一些学校已经禁止学生在学习过程中使用智能软件，以防学生作弊。在我国，也有报道称学生利用智能软件做作业，甚至高校已有学生用 ChatGPT 写论文。这些现象表明，AI 在教育领域的应用还存在一定的风险，需要我们认真对待。

综上所述，人工智能技术在教育领域的应用虽然为教育改革提供了强大的支持，但也存在一些潜在的问题和风险。因此，需要加强人工智能技术的研究和应用，提高其稳定性和安全性，同时建立相应的法律条例去规范和制约其应用。只有这样，人工智能技术才能在教育领域发挥其最大的作用，为教育改革提供更加有力的支持。

三、人工智能时代英语教学改革的路径

（一）借智能技术创设智慧英语教学环境

智慧英语教学环境的创设不仅需要构建智慧英语教学大环境，还需要积极开展师资培训，提升教师的数字技术能力及信息技术素养，以提升智能化教育教学水平。此外，教师还需要转变观念，树立"学生主体、教师主导"的导学思想和助学意识，灵活运用人工智能技术，创设多样化的英语教学情境。例如，教师在教学备课阶段，可以根据教学目标、教学要求、教学内容，在智慧教学大环境基础上，构思创建适宜的教学情境。在教学中，教师作为人机互动教学的组织者，应灵活创设生动风趣的课堂情境，以提高学生的学习兴趣与参与度，提升学习效果。这一点

在国家开放大学"学位英语"课程改革试点机制中得到了具体体现。国家开放大学"学位英语"课程改革试点机制,依托科大讯飞的自适应英语学习系统,成功地提升了教学效果和质量。这表明,人工智能技术在英语教学中的应用不仅可以创设出更加丰富的教学情境,还可以有效地提高教学效果。

(二)引导教师提升自我,重塑角色

在当前的信息化社会中,教师的专业知识水平、数字素养和智慧教学能力,对于英语教育的发展起着至关重要的作用。人工智能技术的应用,不仅为教师提供了更多的学习资源,拓宽了他们的知识获取渠道,也使教育资源的使用更加公平和高效。然而,这同时也对教师的专业水平提出了更高的要求,他们需要夯实专业基础,拓宽跨学科知识,扩大知识储备,具备名副其实的授业能力。

首先,人工智能技术赋能英语教育,使教师可以更方便地获取和利用各种学习资源。以往很多被教育、科研机构垄断的学习资源,如优质的教育教学视频、丰富的电子书籍等,也逐渐变成了易于获取的社会公共资源。这些资源的开放共享,为教师提供了更多的学习机会,使他们可以更加全面地了解英语教育的最新发展动态,提高他们的教学水平。

其次,人工智能技术对教师的数字素养和智能素养提出了更高的要求。智慧教学对英语教师的数字素养、智能素养提出了更高的要求,即教师必须具备一定的"数智胜任力"以适应智能环境下教育方式的变迁。在人工智能背景下,教师必须积极面对智能技术对教育的渗透与影响,提升教技水平,增强数智素养,提升智慧教学能力,与时俱进,熟练操作智能教学软件与平台,适应智慧教学大环境。

再者,智能技术赋能教育加速了教育改革,同时也重新定义了教师的角色。英语教师在这场数字化浪潮中要跟上时代节奏,调适自身,重塑角色。人工智能时代的英语教学更凸显了学生主体、教师主导的特征,教师应该转变理念,成为学生思想道德的引领者,成长路上的人生导师,教学实施的领航者,学习情境的建构者,学生的"导学 + 助学"教师,学生的"评估 + 督学"教师,学生学习的合作与陪伴者。

总之,人工智能技术在英语教育中的应用,为教师提供了更多的学

习资源和机会,也对他们提出了更高的要求。教师需要不断提升自己的专业知识和技能,适应人工智能时代的到来,为英语教育的发展做出更大的贡献。

(三)借力人工智能构建多元化教学模式

在现代教育技术的发展下,传统的英语教学模式已经不能满足学生的个性化学习需求。因此,教师使用智能英语教学系统开展远程教学,并指导学生使用智能英语学习系统,打破时空局限性进行自主学习,这种泛在的英语教学模式已经成为传统面授教学的有力补充。

智能英语教学系统不仅可以帮助教师实现课堂教学的实时互动,还可以通过人工智能技术为学生提供个性化的学习体验。例如,ChatGPT、科大讯飞的自适应学习系统,可以帮助学生根据评估系统的建议调整学习状态,从而实现个性化学习。同时,智能英语教学系统还可以在课堂带领学生使用智能英语系统拓展教学资源,这种虚实一体化的教学模式与面授教学无缝切换、相辅相成,不仅生动有趣,而且高效互补。例如,教师可以通过智能英语教学系统为学生推送不同的教学资源,鼓励学生深入多元空间,获取更优质更丰富的英语学习资源。此外,智能英语教学系统还可以帮助教师开展个别化辅导。

在智能教学系统中,还可以通过程序更好地让学生实现"Learning by Doing",更加激发出学生的语言习得天性与深层潜能。例如,在"首届学生英语能力挑战赛"的备赛、练习及考试阶段,都借助了科大讯飞英语学习系统来帮助学生纠正发音,提升口语和翻译能力,效果显著。

(四)注重培养学生的自学与创新能力

在当前的人工智能时代,学生的学习理念需要与时俱进,正确认识自己在教学中的主体地位,并树立起自主学习的意识。他们需要认识到智能技术更新迭代带来的变革与冲击,并提升自己的信息素养,以适应这个日新月异的时代。

在人工智能时代,教师的角色发生了改变。传统的教师是知识的传授者,而在人工智能时代,教师需要成为学生学习的引导者和指导者。

他们需要帮助学生理解新的学习方式,引导他们利用人工智能技术进行自主学习。同时,教师还需要帮助学生提升信息素养,让他们能够更好地理解和利用人工智能技术。然而,人工智能技术并不能完全替代人类教师的地位。在教学中,教师的人格魅力和崇高德行对学生的影响是无法被机器学伴所取代的。教师可以利用自己的人格魅力和崇高品德给学生树立榜样,帮助学生提升人文素养和社会责任感。教师的人格魅力和崇高品德可以激发学生的学习热情,让他们更加热爱学习。此外,人工智能的本质是人类编写的冰冷程序,缺乏创新力与创造力。因此,在教学中,教师需要重视培养学生独立思考、探索创新的能力。这不仅可以帮助学生更好地理解和利用人工智能技术,也可以培养他们的创新思维和创造力。

智慧教育理论阐释

　　随着科技的发展,智慧教育逐渐成为教育领域的一股新兴力量。智慧教育以现代信息技术为支撑,深度融合教育教学,旨在提高教育教学质量,培养具有创新精神和实践能力的人才。在外语教学中,智慧教学同样发挥着重要作用,不仅有助于提高学生的外语水平,还能培养他们的跨文化交际能力。本章分析智慧教育的内涵与形式特征,并探究外语智慧教学的理论基础。

第一节 智慧教育的内涵及特征

一、智慧教育的内涵

智慧教育被认为是信息时代教育的必然选择和发展趋势,可以帮助各国培养面向 21 世纪的创新型人才,因此受到越来越多学者的关注。究竟什么是智慧教育? 许多学者对此进行了阐释。著者梳理文献发现,目前关于智慧教育的理解有两种观点:第一种观点认为智慧教育是对知识观的超越,第二种观点认为智慧教育是教育信息化的高级形态,与信息技术紧密相连。

智慧教育(Wisdom Education)是对知识观的超越,侧重于培养学生包含知识、思维、情感、各种能力的综合素养,是一种为获得智慧而实施的教育。这种观点自古有之,可追溯至墨子、孔子和苏格拉底等先哲的思想,具有深厚的价值底蕴。

英国教育理论家阿尔弗雷德·诺思·怀特黑德(Alfred North Whitehead)[1]认为知识只是教育的目标之一,知识不等同于智慧,教育真正的目的是启发智慧,激发求知欲,增强判断力。

美国耶鲁大学著名心理学家罗伯特·J·斯腾伯格(Robert J.Sternberg)[2]提出了著名的智慧平衡理论,认为智慧是经验知识的一种特殊应用。这种经验知识是个体依靠自身对生活的探索获得的,与特殊的情景有关,并且与通过课本获得的知识有很大区别。个体通过它可以实现自身、他人及环境之间利益的平衡,以谋求更高层次的平衡。学校教学的目标不应该只是传授知识,还应该帮助学生学会运用这些知识,在任何情况下,学校课程中都要隐含着智慧思维的教学。

---

[1] 廖晓翔.智慧教育:怀特海教育思想解读[J].教育导刊,2004(05):50-52.

[2] Sternberg R J. A balance theory of wisdom[J]. *Review of general psychology*, 1998, 2(4):347-365.

我国著名学者靖国平[①]对智慧教育提出了自己的见解,从狭义和广义两个维度进行了阐述。狭义的智慧教育注重传授知识,也即我们常说的"智育",但是这种理解有些偏差,因此他主张从广义的角度理解智慧教育,把智慧教育看作一个多元统一的有机体,即理性智慧(知)、价值智慧(情)和实践智慧(行)的有机结合。

著名科学家钱学森先生提出"大成智慧说",该思想的核心就是引导人们汲取古今中外智慧,陶冶品德情操,获得聪明才智,创造性地解决问题。因此,学生仅仅学习知识是远远不够的,还要超越知识,追求智慧。教育要从知识教育转向智慧教育。

智慧教育(Smart Education)是教育信息化发展的高端形态,侧重于实践操作,是通过智能技术,以智慧方式来教育。这也是本书采纳的观点。此类观点下的"智慧教育"可以看作"智慧地球"的衍生物,强调运用新一代信息技术(物联网、传感器等)将世界万物互联,可以互相感知,实现其智慧化。在此背景下,国外学者对"智慧教育"进行了定义。国外学者更加关注智能技术在学生学习中的具体应用,通常指向个性化学习。

赛克斯(Sykes)[②]认为一种教育模式,在先进的教学方法,技术和相关设备的帮助下,学生便于快速获得和整合知识。

季霍米罗夫(Tikhomirov)等[③]认为,智慧教育是在ICT的支撑下,通过多样化的学习或组织方式,达成一定的教育成果(如21世纪认知技能)。

阿卜杜-巴希尔(Abdel-Basset)等[④]认为,智慧教育环境融合了不同的信息和通信技术,以激活学习过程并适应不同学生的要求。

---

① 靖国平.从狭义智慧教育到广义智慧教育[J].河北师范大学学报(教育科学版),2003(03):48-53.

② Sykes E R. New methods of mobile computing: From smartphones to smart education[J].*TechTrends*, 2014, 58: 26-37.

③ Tikhomirov V, Dneprovskaya N, Yankovskaya E.Three dimensions of smart education[C].*Smart Education and Smart e-Learning*. Springer International Publishing, 2015: 47-56.

④ Abdel-Basset M, Manogaran G, Mohamed M, et al. Internet of things in smart education environment: Supportive framework in the decision-making process[J]. *Concurrency and Computation*: *Practice and Experience*, 2019, 31(10): e4515.

莱拉斯(Lytras)等[①]认为,智慧教育需要创新的教学方法和工具,增加学生自主学习的机会,进而培养和提高学生的创造力。

梳理国内有关智慧教育的相关文献发现,自 2012 年之后,智慧教育的相关研究逐年增加,成为热点领域。国内诸多学者也对智慧教育进行了定义,比较有代表性的观点有:

华东师范大学祝智庭教授[②]将智慧教育看作未来教育范式,通过环境、教学法、学习方法的转变培养智慧人才。

北京师范大学黄荣怀教授[③]将其视为一种教学行为(系统),能为学生、教师和家长等提供个性化服务,可以通过多模态数据驱动教育的变革。

江苏师范大学杨现民教授[④]基于生态视角,将智慧教育视为一种教育信息生态系统,可以实现信息技术与教育相关事务(教学、管理等)和教育相关者(学生、教师等)的深度融合与可持续发展。

陈琳教授[⑤]认为智慧教育是利用现代信息技术实现教师课堂教学、学生学习、教学评价、教育管理等事务的智能化以及培养学生高阶思维能力。

学者曹培杰[⑥]提出智慧教育是通过智能技术推动学习环境、教学方式和教育管理的转变,满足学生个性化需求,进而实现人的智慧成长。

华东师范大学顾小清教授[⑦]在祝智庭教授对智慧教育研究的基础上,提出了智慧教育理论框架,同样强调智能技术对环境、教学法、教学评价的改变,最终落实到人才的培养。

可见,从信息化角度来看,研究者对智慧教育的理解虽然不尽相同,

① Lytras M D, Visvizi A, Daniela L, et al.Social networks research for sustainable smart education[J]. *Sustainability*, 2018, 10 (9): 2974.
② 祝智庭,贺斌.智慧教育:教育信息化的新境界[J].电化教育研究,2012,33(12):5-13.
③ 黄荣怀.智慧教育的三重境界:从环境、模式到体制[J].现代远程教育研究,2014(06):3-11.
④ 杨现民.信息时代智慧教育的内涵与特征[J].中国电化教育,2014(01):29-34.
⑤ 陈琳,王运武.面向智慧教育的微课设计研究[J].教育研究,2015,36(03):127-130+136.
⑥ 曹培杰.智慧教育:人工智能时代的教育变革[J].教育研究,2018,39(08):121-128.
⑦ 顾小清,杜华,彭红超,等.智慧教育的理论框架、实践路径、发展脉络及未来图景[J].华东师范大学学报(教育科学版),2021,39(08):20-32.

但基本包含以智能技术为中介的智慧教学(学习)环境、智慧教学法、智慧评价三个要素,最终目的指向智慧型人才培养。

综上所述,不同时代背景下,不同的研究者对智慧教育内涵的理解不尽相同。因此,结合当前我国教育正在进行数字化转型的现实情况,借鉴祝智庭教授等人对智慧教育的理解,本书认为智慧教育是未来教育的新范式,不仅是一种教育手段,更是教育目的,是以一种智慧方式教学生获得智慧,也是在以新一代信息技术(云计算、大数据、物联网、人工智能等)支撑的智慧学习环境中,教师以学生为主体,创新教学方法(个性化学习、探究学习、合作学习等),实施精准教学与评估,以实现学生个性化成长,最终达到培养创新人才(良好人格品质和数字素养、学习与创新能力、职业生活技能)的目的。

二、智慧教育的特征

(一)育人为本是智慧教育最根本的理念特征

智慧教育是一种新兴的教育模式,它强调以学习者为中心,充分尊重和理解学生的个性差异。这种教育模式认为,每位学生都是独一无二的,他们拥有自己的学习需求、兴趣和潜能。因此,智慧教育致力于提供个性化的学习支持服务,帮助学生找到适合自己的学习方法和路径,以实现高效的学习成果。

在智慧教育中,智能技术发挥着至关重要的作用。通过运用大数据、人工智能等先进技术,教育者可以对学生的学习情况进行全面、深入的诊断。这不仅有助于发现学生的优势和不足,还可以为每位学生量身定制学习资源和支持服务。这样一来,教育者就能真正做到因材施教,使每位学生都能在适合自己的领域内得到充分的发展。

此外,智慧教育还注重培养学生的创新能力、批判性思维和实践能力。在这种教育模式下,学生不仅能够掌握丰富的知识,还能学会如何运用这些知识解决实际问题。这有助于培养出具备创新精神和实践能力的人才,为国家的发展注入新的活力。

我国政府高度重视智慧教育的发展,不断出台相关政策举措,推动教育信息化建设的深入进行。例如,推动"宽带校园"建设,提升学校网络基础设施水平;开展"互联网 +"教育创新试点,鼓励学校利用互联网技术改革教育教学;加大对教育信息化设备的投入,为学校提供先进的教育技术支持。

(二)场景感知是智慧教育最基本的功能特征

智慧教育通过运用各种传感器和数字技术,对学习环境和学习者自身进行深度感知和智能调控,以实现个性化、智能化的教育教学。

首先,智慧教育利用物理信息传感器、射频识别技术、全球定位系统等先进技术,对学习环境的物理特性进行实时监测和分析。包括温度、湿度、亮度、嘈杂度等环境因素,这些因素都会影响到学生的学习效果。一旦环境参数超出预设范围,系统将自动启动调节设备,如空调、灯光等,为学生营造出一个舒适、适宜的学习环境。

其次,智慧教育还关注学生的内在学习状态。通过高清摄像头、可穿戴设备、数字坐垫等设备,智慧教育可以实时捕捉学生的状态特征信息,如表情、姿势、心率等。这些数据将为教师提供重要参考,帮助他们更好地了解学生的学习状态,从而有针对性地调整教学策略,提高教学效果。

此外,智慧教育还具备数据分析功能。通过对海量数据的挖掘和分析,教师可以深入了解学生的学习习惯、兴趣爱好、学术成就等,为学生提供个性化的学习路径和资源推荐。这不仅有助于激发学生的学习兴趣,还能有效提升学生的学习自主性和成效。

在我国,智慧教育的发展已经取得了显著成果。不论是在课堂教育中,还是在在线教育领域,智慧教育都展现出巨大的潜力和价值。它不仅有助于提高教育教学质量,还能为我国培养更多具备创新精神和实践能力的人才。

(三)数据驱动是智慧教育最核心的技术特征

智慧教育的核心理念是"数据驱动",这意味着我们需要借助各类设备与系统,采集教师、学生与学习环境中的全息数据。这些数据包括但不限于学生的学习行为、学习成绩、兴趣爱好、社交互动等,以及教师的教学方法、授课风格、教学成果等。通过对这些数据的挖掘和分析,可以构建出各教育主体的画像,深入了解校园的日常管理情况、学生的行为习惯与学习偏好、教师的授课风格与教学成效等。

数据驱动的智慧教育具有以下几个特点。

(1)个性化教学。通过对学生学习数据的分析,教师可以更好地了解学生的学习需求,为学生提供个性化的教学方案。有助于提高学生的学习兴趣和成效,实现教育公平。

(2)精准评估。借助大数据技术,教育工作者可以全面了解学生的学习进度、成果和薄弱环节,实现精准评估。有助于及时调整教学策略,提高教学质量。

(3)优化管理。通过对校园管理数据的分析,教育部门可以深入了解学校的运行状况,为学校提供有针对性的管理建议。有助于提高学校的管理水平,营造良好的教育环境。

(4)智能辅导。智能教育系统可以根据学生的学习需求,为学生提供实时的辅导和建议。有助于学生在学习过程中克服困难,提高学习效果。

(5)科研支持。教育科研机构可以利用大数据技术,对教育教学现象进行深入研究,为教育改革和发展提供科学依据。

(6)高效服务。通过对教育服务数据的挖掘和分析,教育部门可以更好地了解社会需求,为学生和教师提供高效、优质的服务。

(四)人机协同是智慧教育最重要的模式特征

人工智能与教师互补融合的协同工作方式已经成为智慧教育的主要模式。在这个模式下,机器可以完成诸多基础性、重复性和高计算量的工作,如数据统计与分析、学生学情反馈、低阶思维知识传授以及个性化资源推送等。这些功能不仅减轻了教师的工作负担,还为教育教学提供了更为丰富的资源和更为高效的方式。然而,机器无法完全替代教师,因为教师具有独特的思维能力和社会属性。

在学生的高阶思维能力培养方面,人类教师具有不可替代的作用。高阶思维能力是指超越基本知识技能的深层次思维,包括批判性思维、创新性思维和辩证性思维等。这种能力对于学生的综合素质和未来发展至关重要。教师通过启发式、探究式和讨论式的教学方法,引导学生发展高阶思维,而这是目前人工智能难以实现的。

此外,在非智力因素培养方面,教师也具有显著优势。非智力因素是指除智力因素之外的影响学生学习成绩和发展的因素,如情感、态度、动机等。教师具有丰富的情感和同理心,能够关注学生的个体差异,发现并解决学生在学习和生活中遇到的困难。人工智能在这方面的能力相对有限,它无法像教师那样真正走进学生的内心世界,为学生提供心灵关怀。

第二节　智慧教育理念下教育教学改革新思路

一、构建智慧学习环境

（一）构建教育大数据中心：提供服务多主体的教育大脑

教育大数据在当前的智慧教育领域发挥着至关重要的作用。它不仅是推动教育系统实现智能化升级的关键因素,还能够为精准学情分析和科学教育决策提供强有力的支持。为了更好地利用好教育大数据,可以从以下几个方面入手。

第一,要关注教育大数据的安全性问题。在数据采集、存储、处理、分析和应用的过程中,要确保数据的安全性和隐私保护。对于涉及敏感信息的数据,应当采取加密、脱敏等技术措施,以防数据泄露造成不良影响。

第二,要加强教育大数据的培训和推广。通过组织各类培训活动,提高教育工作者对大数据技术的认知和应用能力。同时,鼓励学校、企业和研究机构开展教育大数据的合作与研究,不断推动教育大数据技术的发展和创新。

（二）搭建一体化教育云平台：支持教育数据与业务流动共享

健全教育平台体系作为推动教育数字化转型的关键战略行动，具有重要的现实意义。在当前科技飞速发展的大背景下，教育行业正面临着从传统模式向数字化、智能化转型的深刻变革。构建一体化教育云平台，旨在为各类教育主体提供一站式服务，实现业务流程的纵向贯通和资源共享，从而创新教育发展模式，提升教育质量。

为达成这一目标，可以采取以下具体措施。

第一，整合各类平台用户，实现统一身份认证、统一应用入口，支持单点登录。这一举措将有助于简化用户操作流程，提高工作效率。同时，还需规范建设标准和功能模块，确保平台功能的全面性和实用性。

第二，构建扩展性门户网站架构，满足用户按需获取服务的需求。在此基础上，实现信息数据联动协同、分类展示、集成应用，为用户提供便捷、优质、可插拔的智慧教育应用"工具箱"。

（三）推进建设智慧校园：强化丰富适性的优质学习体验

校园是孩子成长的重要舞台，它不仅是学生学习知识、培养能力的地方，也是他们塑造品格、养成良好习惯的摇篮。在新时代背景下，构建一所具备高品质学习环境、保障全体人员安全的智慧校园，显得尤为重要。它不仅可以为学生在各个场景下的智慧化实践提供有力支持，还能为推动教育数字化转型注入强大动力。

第一，要重视校园内各类教室的完善建设。在通用教室方面，需要对其进行升级改造，提高多媒体教学设备的配置水平，如交互式电子白板、智慧黑板等，使高清直播录播成为常态化应用。这样一来，学生可以在更加先进的教学环境中汲取知识，提高学习效果。

第二，拓展专用教室的建设也至关重要。根据各学科特色，配备感知交互、虚拟沉浸、仿真实验等智能设备，支持体验式、沉浸式课堂的开展。这样的教室环境有助于激发学生的兴趣和潜能，培养他们的创新精神和实践能力。

二、赋能教育核心应用场景

（一）促进优质资源建设：满足多样化教育教学需求

教育数字化转型对于推动新型教育资源的开发和优化教育资源供给模式具有深远影响。通过运用虚拟现实、人工智能等先进的数字化技术，可以创造出交互式、生成式的教育资源，丰富教育资源类型，以满足教学和研究的多样化需求。

首先，教育数字化转型能够开发出兼容各类数字终端的教育资源，动态更新内容，拓展体验边界，及时记录交互轨迹。这些新型教育资源不仅可以撬动课堂教学的数字化转型，也有助于提升教学效果。借助数字化技术，教育资源的呈现方式可以更加丰富多元，让学生在课堂上体验到更为生动的学习过程。

其次，教育数字化转型能够更好地发挥智力资源优势，通过组建共创共享的教学共同体，强化教师专业技能，激发教师职业发展动力。在这样的教学共同体中，教师可以相互学习、相互促进，共同提升教育教学水平。同时，这也有助于提升教师对于教育数字化转型的认同感和参与度，使数字化转型能够更好地在教学中发挥作用。

再次，教育数字化转型有助于优化教育资源的供给模式。通过汇聚国家级、市级、区级和校级优质教学资源，联动学校、教师、研究机构、企业等多元主体参与资源的共建共享，可以形成融合基础资源、个性化资源、校本资源的供给形态。这种模式能够更好地满足不同层次、不同需求的教育教学场景。

最后，教育数字化转型能够聚焦教学与研修的经典案例，选择、提炼与重组动态生成的亮点资源，构建生成性优质资源。这些资源可以为学生提供更为个性化的学习路径，也有助于教师在教学过程中及时调整教学策略，提升教学效果。

（二）探索新型教学模式：实现数据驱动的精准教学

在我国教育数字化转型的大背景下，教师需要不断探索和创新，以适应这一教育变革。通过精准教学和个性化学习,我们有望提高教育教学水平,培养更多具备创新精神和实践能力的人才,为我国的教育事业贡献力量。在这个过程中,教师要善于利用数字化工具,提升自身教育教学能力,以适应新时代教育的需求。

教育数字化转型是一场深刻的教育变革,需要探索以精准教学和个性化学习为特征的新型教学模式,以应对未来的挑战。在这种模式下,教师要善于运用各种资源和手段,关注学生的个性化需求,培养高阶思维,实现教育教学质量的全面提升。同时,教师还需不断学习、提升自身能力,以适应教育变革的要求,为我国教育事业发展贡献力量。

(三)变革教育评价体系:实施数据驱动的评价方式

大数据和人工智能技术的运用不仅有助于教育系统摆脱传统的经验式、结果式评价模式,还推动了教育评价体系的客观化、过程化改革,从而实现教育评价的全方位优化和提升。

在宏观层面,大数据和人工智能技术为我们提供了多层次、多维度的数据支持。通过这些数据,可以全面评估人口信息、经济发展状况、区域位置等多个方面的因素,进而对教育资源配置的合理性进行综合评价,提升资源配置的有效性。

在中观层面,大数据和人工智能技术为个性化教育提供了强大支持。基于学习过程和结果数据,可以为每位学生绘制精准的画像,记录他们的学习计划和成长轨迹,深入了解学生的学习偏好、风格和障碍等信息。同时,通过对学生知识技能、情感态度、策略方法、高阶思维等方面的综合性、增值性评价,可以对学生综合素质进行精准分析,打破"唯分数"的传统评价方式,助力培养全面发展的人才。

在微观层面,大数据和人工智能技术有助于实现个性化学习推荐。根据学生的知识基础、兴趣和能力等方面的表征,可以通过预测性和诊断性分析,为学生量身定制学习任务、学习内容、学习资源和学习策略,提升学生的学习效果和满意度。

第三节　智慧教育体系的建立

一、构建特色鲜明的理论研究体系

（一）构建布局合理的学科体系

智慧教育具有跨学科特点,推动智慧教育的学科化建设是高等教育变革的必由之路。

首先,要系统规划智慧教育学科布局。强化计算机科学、教育学、脑科学、心理学、认知科学等基础理论研究,实现智慧教育基础理论创新的突破,推动从弱人工智能阶段迈向强人工智能、超人工智能阶段。重视前沿理论学科和应用学科布局,重视在类脑科学、机器学习、自适应学习等前沿方向的学科设置。推动新人文学科的发展,加强对数智化时代社会新矛盾、新问题的研究。

其次,要推进智慧教育学科建制。推动智慧教育研究单位由发展规模数量向内涵质量提升转变,围绕智慧教育的跨学科特点,深入挖掘智慧教育的内涵,以学位点建设为抓手,加快论证人工智能一级学科建设,将其从计算机科学、教育技术学等方向区分出来。

最后,要完善智慧教育学的人才培养体系,结合学校特色和社会发展需求,分层分类研究制定智慧教育学的知识体系、课程体系、教学方式、培养目标等,形成层次合理的智慧教育学科布局。

（二）构建融通中外的话语体系

话语体系是一个国家和民族内在思想的外在反映,是以特定符号和言语表达指导人们思维方式和操作实践的价值体系和行为规范结构。

首先,要坚持以马克思主义体系为核心站稳理论立场。中国特色哲学社会科学话语体系是马克思主义中国化的理论产物,智慧教育理论研究的话语体系要遵循这一立场,从中国传统优秀文化中汲取教育理念的思想精华,辩证地、批判地审视西方社会的理论体系。

其次,要坚持以立德树人为根本任务。立德树人是我国教育的根本任务,各级各类教育必须坚持立德树人,因此,智慧教育理论研究的话语体系应始终将立德树人作为基准。

最后,坚持以促进人的全面发展为教育本质。人工智能教育理论研究的落脚点是教育,高等教育数智化转型应以高等教育的育人本质作为基本语境,重视高等教育学的学科自觉性或立场,从技术主义话语向本质主义话语过渡。

二、构建多跨协同的组织管理体系

(一)构建政府主导的制度体系

政府主导的制度体系是指国家或政党为实现一定历史时期路线和任务而制定的行动依据和根本准则。

首先,要重视智慧教育在教育总体工作中的重要地位。推动人工智能在高等教育领域先试先行,进一步凸显教育数智化转型的"一把手工程",国家、省级教育部门成立教育数智化转型工作领导小组,由教育部门主要负责同志担任组长,相关分管领导担任副组长,领导小组下设办公室,办公室设在教育信息化相关处室,各高校内部参照设置组织机构,具体协调教育数智化转型相关政策。

其次,要注重政策功能的全面使用。合理运用需求型政策工具拉动社会整体对智慧教育的需求,例如,可通过政府采购、购置补贴等形式,吸引更多优质高新企业参与到智慧教育应用研发中。改善激励政策,除了人才引进、知识产权等传统的激励政策外,也应探索在投资补贴、税收优惠方面的政策安排。

最后,要推动解决数字鸿沟问题。教育政策的设置要更为关注欠发达地区教育情况,尤其需要在教育新基建、数字素养等方面得到加强,分层分类分区域推行数智化转型政策,高度警惕政策带来的差距变大的影响,在政策施行前注重科学研判和智能辅助,过程中注重动态调整。

（二）构建社会主导的协同体系

社会主导的协同体系是指社会组织、企业与政府、高校、科研院所等产学研合作，实现高效协同创新。

首先，要加强企业与高校的人才培养合作，企业直接联系生产、市场，高校负责为市场输送人才、知识和技术。目前，部分高校已经探索与企业合作培养定制化人才，但尚未规范化、规模化，企业应根据自身发展需求主动对接高校，探索一条可复制、可推广的人才培养模式。

其次，要加强企业与政府、高校的供需对接。政府是政策供给端，要畅通企业与政府之间的沟通机制，探索开放人工智能企业渠道的政府内参。高校是技术供给端和产品需求端，智慧教育企业聚集了顶尖的产品研发人员，但缺少关于基础理论的研究，要加强高校与企业在技术方面的合作，打通高校院所和企业科技成果转移转化通道，着重解决科技成果转化"最后一公里"问题，推动原始创新和科研成果落地转化。

最后，企业要树立高度责任感。企业参与的产学研项目一般投入较大、盈利不高、周期较长，因此，需要引导企业树立高度责任感，积极参与国家关于智慧教育产业的发展战略。

（三）构建个体主导的意识体系

个体主导的意识体系是指学生、教师、管理者、研发人员等对于高等教育数智化转型的认知程度和接受态度。

首先，要加快提升全体教育管理者、师生等相关人员的数字素养。参照中央网信办发布的《提升全民数字素养与技能行动纲要》，出台教育系统相关指导文件，围绕数字学习、教育数智化转型等重点领域发力。

其次，要探索建设教育工作者数字素养与技能提升示范基地和平台。为教育工作者提供公益性培训，将教育数智化转型的指导思想、发展规划、主要目标与任务、特色亮点纳入培训内容，鼓励企业、平台和个人提供更丰富多元的数字培训资源，整合丰富数字培训资源。

最后，要加强宣传和舆论引导。面向学生、教师开展智慧教育相关知识的普及与教育，可通过宣传月、先进评选、比赛等形式，营造个体自主学习的良好氛围。

三、构建系统推进的技术创新体系

（一）构建以人为本的环境体系

以人为本的支撑体系是指智慧教育技术创新过程中,具有健康可持续发展的保障环境。首先,要进一步强调智慧教育中人的核心地位。智慧教育的服务对象是人,"人"对"技"的掌控与利用是人工智能与高等教育互融互促的前提,因此,各类智慧教育产品的设计理念要以安全可靠作为最高优先级。其次,要进一步强化智慧教育中的人机协同。明确智慧教育中的教师定位,教师仍是实施教学活动的主导者,需要具备使用智能技术辅助教育的意识和能力,积极拥抱智慧教育技术,由经验教学转变为智慧教学、由被动适应到主动变革。

（二）构建分层分类的人才体系

分层分类的人才体系是指培养智慧教育的科学家、研发人员和技术人员。科技创新的第一要素是人才,人才是创新的根基。首先,要注重人才队伍的梯队建设。不同类型、不同层次的高校应根据自身特色发挥好人才培养作用,如位于"第一方阵"的高校要聚焦基础理论研究能力、工程实践能力、创新能力、科学家精神的培养,采用本硕博贯通式培养模式提升人才培养的系统性,着力造就拔尖人才。其次,要注重高端人才引进和复合型人才培养。鼓励企业、高校引进海内外高端智慧教育科研人员,全方位实施个性化引进和支持措施。强化理论与实践均衡发展的人才培养模式,鼓励学生到科研生产一线去实践。最后,优化人才评价体系。深入调研我国智慧教育人才队伍的现状,摸清人才队伍建设存在的盲点、误区,结合现状制定相应实施路径。评价指标的设置要突出原创导向、需求导向、市场导向。实行差异化考核,做到分类考核对象、突出关键指标、及时评价反馈。在数智化水平相对不高的部门和高校,可采取扬长不避短的差异化考核。

第四章

人工智能时代高校英语教学的创新模式——微课

在高校英语教学中,微课作为一种创新的教学模式,不仅能够提高教学效果,还能更好地满足学生的个性化学习需求。本章将从微课教学模式的内涵与特点、微课教学模式的理论依据、高校英语教学中微课教学模式的应用三个层面来探讨人工智能时代高校英语教学的创新模式。

第一节　微课教学模式的内涵与特点

一、微课教学模式的内涵

（一）微课的概念

2008年，美国新墨西哥州圣胡安学院的戴维·彭罗斯（David Penrose）最先提出微课的概念，他认为微课是利用建构主义理论进行构建的，以线上学习和移动学习为主的教学形式，是一种基于在线课程而优化得到的更快捷方便的新型教学模式。[①]

胡铁生是我国最早研究微课的人，也是最早给微课下定义的人。[②]2011年10月，他对微课的概念进行了界定，认为微课是根据课程标准和课堂教学实际，以教学视频为主要载体，记录教师在课堂实际教育教学中针对某一个具体的知识点，或者其中的一个教学环节，而开展的精彩教与学活动中所需要的多种教学资源的有机结合体。[③]此后的大多数研究者在进行微课研究时，均根据微课的发展现状，结合自身经验对微课进行了重新定义，总体可分为三类：一类强调"微"，认为微课是短小精悍的视频；一类强调"课"，认为微课与传统课堂相同，也需要教学目标、教学重难点、教学过程、习题、课件等；还有一类强调"资源"，认为微课是由一系列微视频组成，以供学习者利用网络实现在线学习。[④]

① 洪岩，梁林梅.从精英到公众的开放资源：TED 的发展及启示[J].现代教育技术，2013，23（04）：12-15.
② 胡铁生.微课：区域教育信息资源发展的新趋势[J].电化教育研究，2011（10）：61-65.
③ 胡铁生，黄明燕，李民.我国微课发展的三个阶段及其启示[J].远程教育志，2013，31（04）：36-42
④ 邢可可.微课在高中物理教学中的应用[D].重庆：西南大学，2020.

著者根据自身的微课使用经验,结合以上不同学者对微课的定义,概括了自己对微课理解。"微课"主要是指针对教学中某个具体的知识点或者单个习题、实验进行针对性的讲解,以短小精悍,录制时长一般以 5 ~ 8 分钟的视频为主要载体,承载着课堂知识的传授过程。教师课上播放的某些趣味视频或生活现象视频也是微课资源的重要组成部分,与微课教学有关的其他资源(例如,微课的教学设计、各种素材、反思、测验、学生反馈等)也是设计与制作微课不可或缺的部分。这些资源通过利用各种在线平台或微博、微信等网络软件为媒介,非常方便地实现了资源传播和共享。学习者只需利用互联网和电子设备(手机、平板等)就可以随时随地进行自主、个性化的学习。

(二)微课的分类

根据不同的分类标准,微课有多种分类方式,著者仅选择了下面两种较为常见的分类方式进行分类介绍。

1. 按照教学方法分类

根据教学时所采用的教学方法可将微课分为七大类:讲授类、问答类、启发类、讨论类、演示类、练习类、实验类。一节微课可以是只属于某一类的微课,也可以是两种或者两种以上类型的组合(例如,练习类和实验类结合)。这几类微课也并不是确定不变的,随着教学方法和手段的创新,微课类型也应该随之进行更新,在教学实践中发展和完善。

2. 按照教学环节分类

按照应用微课的不同教学环节进行分类,可以将微课分为课前预习型、课中讲解型、课后巩固型三种。

课前预习型微课:课前预习环节是教学活动中不可或缺的重要环节,有效地预习可以大大提高课堂效率。课前预习型微课是指教师根据实际需要所录制的用于正式上课之前、由学生自行观看的有关本节内容的知识铺垫或背景介绍的相关视频。

课中讲解型微课:课堂教学是教学活动的中心环节,课堂教学的效果将直接影响学生对知识的掌握情况。课中讲解型微课便是教师为了帮助学生理解抽象概念,或直观展示某些具体现象等在课上所使用的视频微课。

课后巩固型微课:指为了帮助学生构建自己的知识体系,更好地消化和掌握知识,将课堂知识点进行精华提炼,归纳梳理,配以习题训练制作而成的由学生课后自行观看学习的微课。

(三)微课的价值

1.培养学生自学能力

俗话说"授人以鱼,不如授人以渔"。想要让学生理解地去学习,达到学一知千的水平,就要求教师要在教学中培养学生的自学能力。传统课堂中,教师完全占据主体地位,学生只能被动接受知识灌输,十分不利于学生自学能力的培养。

学生利用微课学习的过程便是一个自主化学习的过程,学生根据自身需要选择适合的微课观看学习,自主制订学习计划,安排学习时间,教师也可引导学生学会对微课进行分类和总结归纳,如此长期使用微课进行学习可以有效地提高学生的自学能力。

2.激发学生学习兴趣

微课是以短视频为载体的教学课程,可以承载丰富的教学素材,在收集资源设计与制作微课时,将学生感兴趣的话题及材料进行合理地组织运用,不仅可以将英语知识以更加生动直观的形式呈现出来,还可以激发学生的好奇心和学习兴趣,激发学生对英语知识的学习欲望。微课以其短小精悍的特点著称,5～8分钟可以讲清的知识点绝不占用20分钟的时间来讲解,在如此简短的时间之内,学生不易产生学习疲劳与压力,也不会对学习产生畏难情绪,更易于培养学生的学习兴趣。

3. 满足学生个性需求

传统课堂教学中,教师按照自己的对知识的理解设计一堂课,通常只能考虑到一部分学生的学习诉求,极少能够考虑不同学生的个体差别,进行因材施教的课堂教学十分困难。微课为这一困难的解决提供了可能——课堂上不能掌握的知识,可在课后自行选择相对应知识点的微课复习回顾,通过对知识进行反复学习解决各自问题,满足不同学生个性需求。这也使教学、学习不再仅仅局限于学校、课堂,学生可以根据需要借助电子设备(手机、平板电脑等)随时随地进行学习,突破了传统教学的时间、地点的限制,让学习变得更加自主方便。

4. 助力实现高效课堂

课堂 40 分钟,学生面对英语知识,很难做到始终全神贯注,且传统课堂的教学模式大多是教师主导的讲授式教学,一成不变的教学方式只会降低学生注意力的集中程度,使课堂效率低下,学生收获甚微。形式多样、画面丰富的微课以其视听情景化的特点,并与生活实际相联系,相对于传统课堂教学来说更具吸引力,能丰富课堂教学,有效吸引学生注意力,起到活跃课堂氛围的作用,尽可能避免学生课上出现心不在焉、开小差的情况。形象的动画相较于教师的语言讲解,更加直观具体,更有利于帮助学生理解,提高课堂教学效率。

二、微课教学模式的特点

(一)内容的针对性

主题突出、鲜明是微课的一大优势特点。在设计微课时,必须明确教学主题,教学内容必须具有针对性,可根据教学重难点或者学生反馈来进行课程设计。一节微课只集中解决某个具体的知识点,以满足学生的具体需要,一节优质微课要以解决学生的个性需求为目标。

（二）时长的简短性

在设计微课时,总时长尽量控制在 5 ~ 8 分钟,最长不超过 10 分钟,这样学生才可能始终保持注意力集中,全身心地投入学习中。这就要求教师在设计微课时做到和教学主题相关,避免其他无关内容的引入和讲解,不能将传统授课的教学思维带入简短的微课设计中。

（三）过程的完整性

微课虽然时间短、内容少,但也并不是知识点的简单浓缩,而应该是一个系统且完整的教学过程,应当包括微课引入、内容讲解、归纳总结这三个基本的教学环节。

第二节　微课教学模式的理论依据

一、微课教学模式的技术理论依据

微课涉及人类复杂的学习心理及行为活动,是学习型社会人们所必需的、用于拓展知识和学会生存的数字化学习资源。触发微课可持续发展困境的导火索不仅在于微课所承载的信息内容,更在于微课技术本身。推而广之,微课的技术认识问题可以追溯到技术哲学的话语和命题,媒介环境学和技术哲学对人与媒介技术互动关系的探索在一定程度上回答了微课的技术本质问题。要全面探明微课教学问题的本质必然要追溯微课的媒介技术特性,必须从媒介研究入手,从以媒介技术为理论原点的媒介环境学相关理论入手,从媒介技术与人的关系入手。

（一）媒介环境学理论

1. 媒介环境学的研究对象

媒介环境学以媒介为研究对象。据媒介环境学会协会官方定义，媒介环境学是对"媒介及其环境"的研究。媒介环境学不同于传统媒介研究泛论媒介，而是有意识地区分不同媒介及其特性。在媒介本体的研究基础上，媒介环境学具体研究传播媒介与人类感知、思维、行为、文化的互动。[①] 媒介居间调节着人类经验世界的各种方式，人借助各式各样的媒介把握世界。从传播学角度理解柏拉图的"洞穴"比喻，"洞穴"隐喻人类、媒介与现实世界的问题，并揭示人的本质。人的本质就像受困于洞穴之中、被绑缚着只能面对墙壁的囚徒。在媒介环境的包围之下，人通过媒介经验世界，生活在符号环境中。语言、神话、艺术、宗教、社会是交织符号世界的缕缕丝线，也同样交织着人类的经验。人类在符号世界活动下不再直观实在，反之不断与自身打交道，伴随人类符号活动能力进步的是物理实在的退步。[②] 自诞生之初，人类始终是媒介化的存在，媒介环境学认为，没有任何理由漠视媒介的性质、意义和存在，人们需要探明媒介如何居间调节着人类对世界的认知和行动。[③] 媒介环境学主张"媒介即环境"，认为自然和媒介构成人类生活的两大环境。不同媒介存在物理形态和符号形式的差异，由此造成差异化的媒介偏向。媒介变革涌现之际，旧媒介塑造的感知偏向往往被新媒介调整，并形成新的符号环境，使人的知识积累、价值判断标准和经验世界随之变迁，从而促成人类社会环境的变革。

2. 媒介环境学的研究内容

媒介环境学的研究内容并不局限于媒介，媒介的表征、特性、媒介与

[①] Logan R K.The biological foundation of media ecology[J]. *Explorations in Media Ecology*, 2007, 6（1）: 19-34.

[②] 恩斯特·卡尔西.人论[M].甘阳，译.上海：上海译文出版社，1987：33.

[③] Postman N.The humanism of media ecology[C].*Proceedings of the Media Ecology Association*, 2000, 1（1）: 10-16.

他者的互动、历史的媒介规律和未来媒介社会的发展猜想等都是媒介环境学的研究内容。① 具体而言,媒介环境学的研究内容分为三个方面。

一是媒介本身的传播特性。媒介环境学主张媒介本身就体现着意义,马歇尔·麦克卢汉发表"媒介即讯息"言论。在媒介环境学的视野下,媒介不仅是传播内容的工具,"媒介即讯息"。媒介的发展不完全意味着新型传播方式的流行,媒介不单纯表现为工具属性。更重要的是,媒介形式赋予人的潜在影响远胜于它所承载的信息,媒介偏向潜移默化地规定着人的思维与行为模式。在五花八门的信息内容干扰下,多样化、多感官交织的媒介技术延伸、渗透着人的感官世界,媒介技术的隐匿性使人类难以意识到媒介早已在无形之中形塑着人的思维模式,并间接造成了人类无意识状态下的傲慢与自满。理想状态的高技术本应为人类的美好生活贡献力量,然而媒介麻痹人类大脑,使人类沉迷技术对中枢神经系统的无限延伸而难以自拔。

二是媒介的生存进化规律。在讨论媒介生存进化规律时,人们通常给出技术决定论和文化决定论两种技术观。技术决定论认为技术进步推动媒介发展变革,媒介形态的转变往往归因于科学家和发明家;文化决定论认为媒介技术的生产扩散受政治、经济、文化、环境等多重复杂因素作用,技术进步受社会因素的支配作用。媒介环境学试图揭示媒介固有的技术特性,研究媒介的符号形式、揭示媒介的传播特性、追溯媒介历史、展望媒介未来。麦克卢汉曾在《媒介定律》中总结媒介形态的演化规律:新媒介在一定程度上冲击着被逆转的媒介,它的出现必然强化或延伸了旧媒介的某些功能,在新媒介功能放大到一定程度后,逆转就发生了。麦克卢汉以多因素、多线条、同步的方式整理媒介周而复始的演进过程,以开放的、非线性因果关系的论证方式使观者跳出连续性、线性、单方向的研究视野,以整体性的宏观视野洞察媒介环境演化。保罗·莱文森以媒介历史和未来为研究基础形成媒介进化思想,他的"小生境原理""人性化趋势原理""补救性媒介"等指出媒介技术未来将在人类理性指导下朝着人性化方向发展。媒介进化论借用并补充了生物学家达尔文的"生物进化论",认为媒介生存环境在于人类,媒介的生存进化就像生物在自然界的生存演化一样,必须适应生存环境,否

---

① Islas O, Bernal J D.Media ecology: A complex and systemic metadiscipline[J].*Philosophies*, 2016, 1(3): 190-198.

则就会被淘汰。莱文森对进化论的补充在于,强调人类的"体外进化",技术人物被视为人造器官,技术的进化在某种程度被视为"体外进化"。其后,莱文森吸收坎贝尔的进化认识论,提出人类进化体现于掌握知识和能力,他将生物有机体的进化类推到媒介技术进化,形成媒介技术进化论。[①]坎贝尔的生物进化过程描述指出,旧有机体由于不适应现有环境而逐渐被淘汰,随后幸存的有机体继续繁衍。人性化趋势原理类比提出,媒介技术的演化过程类似于生物进化,媒介技术也处于适者生存的处境,不过媒介技术的生存条件取决于它是否符合人性。波普尔提出知识进化源于人类解决问题的各种需要,人类解决问题的思想是一些尝试性作答,新的思想在环境中适者生存,被环境接纳的知识循环进化。莱文森认同波普尔的试错法,并将之纳入理论体系,强调技术的进化如同知识那般,也是人类试错的过程。技术在人类选择下或淘汰,或得以生存进化,新媒介是对无法适应现有生存环境的旧媒介的补救,媒介技术的生存能力取决于它们对人性的准确表达程度。

三是媒介对人的影响。媒介是人类展开世界的方式。作为经验世界的中介物,媒介对人的生理、心理,对政治、经济、文化、社会等方面造成影响。刘易斯·芒福德批判城市中的媒介,认为媒介传播形式的变化在改变人类居住环境和居住结构的同时也改变着文化结构。媒介有助于塑造标准化的居住方式,善于将城市生活标榜为人类生活的最高目标。芒福德批判机器体系将人堕化为消费的奴隶,机器体系的文明从一个阶级传播到另一个阶级,然而媒介构建的不断缩小的交往活动使人们逐渐远离真实、自然、和谐、平衡的生活世界。媒介环境学理论主要观点之一是:"不同的媒介技术培育不同的文化"。英尼斯的媒介偏向论表明,媒介偏向的差异导致不同文明的出现。[②]运输难度大的媒介偏向于时间维度的纵向传播,轻便的媒介便于在空间维度上延伸。印刷文字偏向空间,因此西方国家在时间延续方面普遍缺乏兴趣,热衷空间扩张,即领土占领。印刷媒介普及导致人类迈向视觉中心主义的文明,在视觉本位的传播支配下,西方文明过分强调理性与个人主义。麦克卢汉指出,媒介是日常生活不应被人忽视的隐蔽性力量,"媒介即讯息",

---

① 史林静.保罗·莱文森媒介观:技术进化视野下的"离经叛道"[J].传媒,2017,261(16):62-64.

② 孟林山,赵永华.英尼斯传播偏向理论的拓展:基于对媒介哲学本质的思考[J].国际新闻界,2021,43(07):125-138.

媒介的传播内容夺走注意力,损害人对媒介技术的理解和感知。"媒介是人的延伸",媒介是世界展开的具体化,任何工具、符号、交往形式都拓展着人的能力和活动范围,使人的身体机能不断"延伸",不过"延伸意味着截除",替代性的媒介总会带来整体感官的不平衡。唯有借助截除后的麻木,人才能承受延伸的强度。通过诠释媒介与社会的发展史,麦克卢汉说明媒介在人类历史发展中不可忽视的地位:主导媒介影响着人类感知世界、理解世界的方式,这种方式反过来形塑着社会形态结构。尼尔·波斯曼警惕媒介技术对人类社会的破坏性影响,呼吁人们警惕技术垄断的陷阱。技术垄断的魔力在于,高效、自动化的机器消除疑问、消解复杂。人类沉迷于技术的"万金油"效应,生存的难题看似都能被技术逻辑所解决。如此一来,文明向技术投降,一切都服从于技术逻辑。①

3.媒介环境学的理论命题

媒介并非中性、透明的传播介质。"媒介即环境"所隐含的三个核心理论命题是逻辑严谨、联系紧密的。首先,该命题假设媒介是非中性、非透明性、有价值标准的传播渠道。信息传输过程中,媒介固有的物质结构和符号形式发挥着规定性作用。媒介的物质结构在编码、传输、存储、解码和信息流通等传播过程中发挥一系列稳定功效。媒介的符号形式规定着媒介的编码特征和符号组合结构。在此基础上,媒介的物质结构和符号形式共同规定着信息的内容、编码和解码的方式。这一理论命题界定了媒介环境学的重要主张:媒介结构界定信息性质。比如,为学生传达相同的教学内容,教师采用口述和播放微课两种媒介,得到的是两种截然不同的教学效果。由第一个理论命题可以得出合理的解释:既然口述和播放微课体现的是两种物质结构和符号形式,那么就不能将二者等量齐观。它们传达给受众的是两套结构不同的信息,作用于不同的感觉器官,得到的结果当然差异明显。

媒介存在偏向。第二个理论命题在第一个理论命题的逻辑基础上更进一步,主张媒介固有的物质特征和符号形式导致媒介的特定偏向。

---

① Neil Postman.*Technopoly: the surrender of culture to technology*[M].New York: Vintage Books, adivision of Random House, Inc.1993: 122-200.

首先,媒介传播的信息内容,信息的多元化取决于符号间架构组合方式的不同。借用媒介环境学学者苏珊·朗格的符号理论,不同类型的符号模式专注于编码人类经验的不同方面。在她对表现性符号的模式分类中,推理性符号模式与表现性符号模式的区别在于二者的逻辑类推,推理性符号模式使用人为规定的标准化范畴和序列性映射规则,表征性符号模式的构造成分则不依靠组成思想的成分和关系命名,前者在形式和结构上与后者大不相同。推理性形式以句法规则唤起并暗示某些抽象概念,直指经验世界相符合的概念。借用数码符号和能够准确表达复杂情况的句法规则,推理性形式能经验的表征和传递得以明确化。表征性形式则与依靠语言陈述的推理性符号模式截然不同,其构造单位不存在固定的暗示意义和明确性都直指意义,表征性形式不能用语言加以表示,它的符号唤起的概念和情感不能对“主语”进行判断,因此不具备推理和理性思维的能力。表征性形式借助符号再现情感生活,符号模拟的对象是一切人类用感觉器官获取并体验到的感知和情绪。借用数码式的、命题式的语言,推理性形式无法用语言充分表达表现性形式结构所能提供的感知经验和情感的模拟态。以语言为主的推理性形式偏向线性思维、分析推理、拆解重构思想并以逻辑化序列形式展开,其价值标准在于对错的判断。表征性形式出于对图像、音乐、舞蹈等意义的总体把握,在促进瞬间确认和格式塔方面存在偏向,它将注意力指向人类心灵深处,关注的是人类感知经验和情感的结构和谐。其次,媒介符号的物质载体具有物理性能的差异,因此存在不同的时空偏向。[1]借助英尼斯的理论:主导传播媒介偏向于某种形式的时间取向和空间取向。泥板、石头等耐久且难以运输的媒介,在时空偏向方面“偏爱”时间,容易促成社会对血缘传承和对风俗习惯的倚重,形成有鲜明社会等级制度的文明。耐久但造价昂贵的羊皮纸成为教会的主要传播媒介,促成极端偏向时间的中世纪文化。随着印刷术的到来,轻便的书本有利于空间扩张,文明从倚重时间走向争夺空间。与此同时,印刷术催生与现代性相关联的一切现象,个人主义、民族主义、理性主义、文化逻辑的视觉取向等在印刷术的推动下得以延伸。每一种传播媒介都肩负着特定的使命,承担着技术制造者的各种意图,为的是解决业已存在的传播问题。在媒介诞生和演化过程中,人的意图贯穿其中,界定着媒介物质特征和符号

形式的,就是这些意图。

媒介的固有偏向促成特定的媒介传播结果。第三个理论命题在第二个理论命题的逻辑基础上进一步延伸,假设媒介传播导致人类生理或心理层面的变化,媒介的社会、经济、政治、文化影响往往都与媒介的固有偏向相关,这也是媒介环境学研究的关键问题:传播技术与文化的关系。尼尔·波斯曼以电视为例批判媒介技术对社会的"破坏性"影响,随着印刷术影响被电视媒体的不断削弱,政治、教育、宗教等领域的传播内容都被迫发生改变。印刷术鼓励理性客观的思维,推崇严肃、逻辑性和充满秩序性的话语,而在以电视为基础的文化中,话语结构区别明显。电视的符号形式偏向于为人类提供动感的视觉刺激,这种特质决定它必须舍弃有思想深度的内容,迎合人的视觉需求。电视将印刷术建立的充满秩序与理性的公众话语冲击得支离破碎,超现实的流行媒介所传播的是反逻辑、反理性、反秩序的话语体系。用波斯曼的话来说,媒介的话语结构偏向特定的内容,能够影响并最终控制文化。

4. 媒介环境学的理论体系

媒介环境学的存在论。媒介环境学的存在论产物"媒介即讯息"是麦克卢汉对媒介作用人类社会所导致后果的高度概括。"讯息"是信息的载体,是承载信息内容的物质结构和符号形式。"媒介即讯息"意味着人类使用传播媒介造成的影响力远胜传播内容,媒介的技术特质规定着媒介在时空等方面的偏向,而这种偏向导向特定的传播效果。"媒介即讯息"从存在论层面提出,媒介即存在本身。媒介与人都不是孤立存在的,人通过媒介得到身体、感官甚至能力的延伸,媒介在人的使用过程中得以提升、过时、再现、逆转。人因媒介而存在,媒介也因人而存在,人与媒介相互规定,"在世界中"互相"造就"对方。伴随社会主流媒介的变迁,人的视觉、听觉、触觉、嗅觉等感官相应改变主导地位。在电子媒介尚未诞生的时代,所有的媒介技术几乎只对单一感官进行延伸,往往造成人类感知比率的不平衡。每一种类型的媒介革新往往对人与社会、历史、文化等造成巨大影响。感觉平衡论的提出将媒介与人的感官、思想建立联系,从存在本身联系媒介与人的关系。

媒介环境学的认识论。媒介环境学认识论产物为"媒介即延伸",媒介在人类与认识对象之间承担着居间性的指引作用。媒介环境学认识论重点研究媒介如何参与人类的认知活动,并对人类的认知活动产生什么样的影响。尼尔·波兹曼将认识论与媒介的发展阶段相联系,人们对真理的定义在不同的媒介时代对应特定的媒介话语形式。"媒介即隐喻",认识论是扩大的媒介隐喻。唯有借助媒介,人方能理解把握客观世界。媒介是展开世界的方式,它构成世界本身。当然,媒介构建的世界是脱离自然世界的,它改变人类曾经以来朴素的时空感知方式。将人类构建的媒介世界等同于客观、自然的世界,这是媒介对现实世界的解构。人类如果将虚拟与现实的环境相混淆,就会落入媒介构造的认知陷阱。媒介崇拜带来的认知干扰造成人类自我意识的淡化,成为被动的信息接收者,电子媒介借机延伸至人类的中枢神经系统,协助人类认识世界,进而规定人类对客观物质世界的改造活动。

媒介环境学的方法论。在方法论层面,媒介环境学偏重宏观的分析、描绘和批评。媒介环境学的研究方法以本质直观的观察和思辨研究为主,对研究对象大多作出宏观层次上的模式识别,并通过深入观察错综复杂的媒介动态关系,挖掘隐匿其中的关联机制。媒介环境学派并非传统的思辨研究那样,要求严格定义并明确关键概念,以严密的逻辑推理论证。在该学派的话语体系中,"媒介""地球村""冷热媒介"等概念的内涵和外延始终没有得以明确,提出的一些理论命题大多是意义含混的比喻修辞,"模式"的总结并非来自严密的逻辑推理,而是出自对宏大结构的观察。媒介环境学方法论的突出特征是历时性的比较研究和矛盾的对立统一。出于对媒介及其影响的社会关系、社会结构和社会形态变化的研究偏好,学者必须在媒介环境和人类社会两条轴线上形成历时性的比较研究。针对社会传播过程中的基本矛盾,媒介环境学形成对立统一的分析方法,高度关注时间与空间、中心与边缘、向心与离心三对矛盾。学派聚焦于媒介的差异研究,主张对媒介具体而视,研究媒介技术的代际更替。媒介环境学的学者擅长将媒介本身及其环境按媒介属性偏向分类比较,比如英尼斯的"媒介时空偏向论"和麦克卢汉的"媒介感官偏向论"。

（二）技术哲学理论

1. 从意向性到技术意向性

意向性是现象学最重要的概念,发轫自唯名论者圣·安瑟伦和唯实论者阿伯拉尔关于意向性的思想萌芽。继唯名论与唯实论之争,托马斯·阿奎那将意向性纳入哲学研究范畴,指出人类心灵的能力在于建构内部世界的意向对象。布伦塔诺正式性地在心理学领域使用"意向性"概念,他将心理现象和物理现象相区分,指出物理现象不过是心理现象的活动内容。心理现象实际并意向地存在着,而物理现象只是现象并意向地存在着。由此,布伦塔诺确立了心理现象的意向性,意向性即心理活动对一定对象的指向性,这个指向对象可以是意识活动本身。① 现象学者胡塞尔认为,意识总存在指涉对象,意向性是意识活动的关系结构。以结构示意胡塞尔的意向性,即:自我—认知—世界。胡塞尔超越布伦塔诺对意向性的属性描述,呈现出对意向性关系结构的认识。

胡塞尔的研究论题仍然局限于意识领域,在他之后,海德格尔和梅洛－庞蒂等认为,不能将世界看作指向对象的集合体,世界是人类存在于其中的生活世界。海德格尔在"操劳"的概念上实现对意向性的改造:用具并非作为存在物而加以使用,当用具处于上手状态,用具本身就揭示其所特有的"称手"。用具在本质上体现为"为了作……的东西",即操劳。当用具发生故障且无法正常使用的情况下,才因材料、结构、质地等因素成为人类的观察对象,这就是海德格尔所说的"在手状态"。从对意向性的阐释中,海德格尔勾勒出人与工具的两种关系:上手关系关乎人对工具的实践,是"在场",在手关系关乎人对工具的理论认识,是"缺席"。海德格尔的技术生存论指出,工具的意向性密切关联人的生存活动。海德格尔对意向性的存在论理解表达为:此在—在世界中—存在。梅洛－庞蒂批判理智主义和经验主义对先验世界的预先设定,提出为避免这种错误,应当结合心理学和现象学反思世界。在他看来,身体是人知觉活动的主体,知觉联系人与世界,通过分析知觉,人类的生存

① 布伦塔诺.心理现象与物理现象的区别[M].北京:东方出版社,2000:63.

价值得以彰显。梅洛－庞蒂的意向性不仅存在于人的意识活动,还参与到人类与世界的全部关系。工具为知觉与身体经验的中介作用奠定基础,意向性结构表示为:人类存在—身体—生活世界。在海德格尔与梅洛－庞蒂的努力下,意向性脱离心理学的意识范畴,逐渐转向对人与世界相互关系的讨论。"存在"与人技关系成为核心内容,意向性思想成为技术意向性概念的直接思想源泉。

胡塞尔、海德格尔和梅洛－庞蒂关于意向性与知觉的揭示并未脱离现象学本质。然而,"知觉主义"的现象学必须紧紧联系直接经验,将技术投放到生活世界的各个方面。[①] 唐·伊德重新解读海德格尔的技术存在论分析,他把海德格尔关于意向相关项的描述理解为工具在具体语境的展开,意向性充斥在使工具"成其所是"的交叉关系中。唯有在技术实践的语境中,工具呈现自身,技术的意向性结构在于技术对人与世界的居间调节,这种现象学层面的中介性就是技术意向性。在胡塞尔生活世界理论、海德格尔技术哲学观、梅洛—庞蒂知觉现象学和杜威经验自然主义观照下,伊德促成现象学、实用主义与经验转向的结合,创立了后现象学技术哲学的理论体系。至于技术意向性,他将海德格尔的意向性关系与技术意向性进行区分,提出技术意向性的关系结构应该表现为:人—技术—世界。技术改变人类经验世界的方式,但这种改变不是直接显现的。技术的透明性使技术发挥居间调节的作用时仿佛"抽身而去",但这种"抽身"从来都不是彻底的。技术具有彻底的不透明性,它使工具由经验的手段变为经验的对象,成为人类视觉凝视的终点,"在彻底的不透明和彻底的透明之间,还有很多其他的可能性,这些可能性都将对以前肉眼看到的任何一种世界造成更剧烈的转化"。[②] "媒介是对身体的延伸""延伸意味着截除",伊德从眼镜的例子出发指出技术非中立性的根源在于其对经验的转化:人们在使用眼镜时往往很少注意到眼镜的存在,唯独发生功能性干扰时,眼镜从经验的手段变为经验的对象。眼镜的放大功能改变了人对距离的感觉和对视觉对象的切近性,工具带来的身体错觉转化了身体的空间性。在透镜技术转化人类感知的同时,它也在把世界转化为虚幻、扁平而狭窄的预设"世界"。

---

① Don Ihde.*Listening and Voice: A Phenomenology of Sound*[M].Athens: Ohio, University Press, 1976: 17-18.
② 唐·伊德.技术与生活世界:从伊甸园到尘世[M].韩连庆,译.北京:北京大学出版社,2012: 50.

2. 人与技术的关系理论

伊德技术哲学的理论内核在于,关注技术作用人与世界关系所起到的居间调节作用,以及人的知觉与经验变化。面对人与技术"含混的"关系,伊德的技术哲学任务是从身体与技术发生关系的方式开始,从"作为身体的我"借助技术与环境相互作用的方式开始,探寻其中的各种结构性特征。他提炼出人、技术与世界的四种关系(如图4-1)。

在具身关系的技术使用情境下,具身关系的意向性结构可以表达为:人→技术→世界。微课以数字化、视觉化的方式融入学习者经验,转化学习者知觉,处于学习者和世界的中介位置。在合理设计并适宜使用的前提下,微课在学习者与世界的关系中拥有最大程度的"透明性",宛若融入学习者的知觉与身体经验。然而,期待彻底的技术透明性,希望彻底的技术具身是不可能的,这等同于要求技术不曾出现。技术彻底透明的唯一可能在于,学习者不依靠技术,而是通过身体直接获取朴素的感觉和经验,但是唯有通过技术,才能转化学习者的感知和能力。微课的准透明性是技术放大效应的代价,人类不可能在摆脱技术制约的同时又能完全享受到技术的优势。

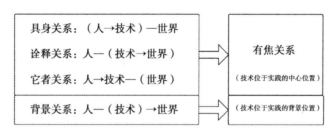

图4-1　人与技术的四种关系

如果说具身关系密切关联技术对人类身体的延伸,那么可以将诠释关系看作技术对人类语言的延伸。以意向性结构表现诠释关系,总结为:人→技术→世界。由于学习者认知的局限性,需要借助微课技术与世界的同构关系来获取经验、间接感知世界。在诠释关系中,诠释的目的是获得诠释学的透明性。学习者直接诠释微课,获得微课与世界构成存在半透明联系的整体。这种半透明性体现在学习者与微课的直接联系、与世界的间接联系:学习者直接诠释微课呈现的文本内容,无法直接接触终极指示对象，一旦微课在教学内容设计和教学材料组织呈现等方面出现问题，上述文本指示不明的状况会使学习者无法认识到真实状态下的世界。处于中介关系的技术还只是以工具的形式显现并呈现事物，不能算作完全意义上的对象性，而在具身关系中，技术的对象性从负面意义显现出来：技术突兀地闯入世界，并将人的知觉和身体扩展到外部世界并产生不利影响。

它者关系出自艾曼努尔·列维纳斯的"它异性"，伊德在修正"它异性"的同时，强调技术的"准它者性"，技术是认识的指示对象，是沟通人与世界的中介，存在独特的自我特性，这种特性满足自我更新的需求。伊德用"人工物人格化"解释技术的独立性：人通过技术认识自然世界，不断发展迭代的技术成为人类的认识客体，世界随之退居幕后，成为认识的背景，适时，人类借助技术将自然世界改造为人工世界。它者关系的意向结构表达为：人→技术→世界，从结构关系中不难看出，技术以自身获得的巨大独立性为基础，依照自身规律发展演化。人与技术的关系构成一个连续统，在连续统的一端，技术接近"准我"的关系，借助不完全的透明性融合在人类经验中，技术的具身关系将世界直接呈现出来，构成人类的生存关系。在连续统的另一端，它者关系转化技术的角色，使之成为与人类发生联系的准备者。诠释关系处于连续统两端的，既担任调节中介的角色，又满足知觉—身体与技术的关系。上述提及的三种关系都是有焦关系，有焦关系中的技术处于实践的中心位置。

在背景关系中，考察对象从前景转移到背景，技术的运转几乎不作为关注焦点。"技术作为一种不在场的显现，无疑成了人的经验领域的一部分，成了当下环境的组成部分。"①伊德没有明确给出背景关系的意向表达式，不过依照他的阐释，可以将背景关系表达为：人→技术→世界。他以"技术蚕茧"的概念解释背景关系，这是一种将庇护技术整合为封闭有机整体的系统，作为背景存在，满足人类的日常生活需求。微课学习者置身于技术环境，技术关涉一切，整合海量学习产品的学习环境完全融入学习者的生产生活。由此造成的后果是，学习者处处遭遇技术，技术人工物不再是焦点，技术的背景化成为理所当然。技术通过与人类生活方式的不同结合展现出独特的非中立形式，同有焦技术那样，

① 唐·伊德.技术与生活世界：从伊甸园到尘世[M].韩连庆，译.北京：北京大学出版社，2012：62.

背景技术以不在场的显现形势微妙而间接地影响着人类经验的格式塔结构。由于许多未知的技术尚待人们开发挖掘,人与技术的关系还没有达到完全意义上的背景关系。在背景关系下,人类期望技术最终能与人和谐共存,然而技术异化所引发的一系列社会问题尚未得以解决。正因如此,需要重思技术的本质问题。

(三)主体间性理论

1.主体间性与教育

17世纪,笛卡尔提出"我思故我在",把主体的自我意识同客观世界对立,从认识论的角度确立主体地位。马克思主义赋予"主体"概念科学而丰富的内涵,"主体是人,客体是自然",主体与客体相对应而获得自身规定性。人的"主体性"是人的本质特征。人作为活动的主体,主体性赋予人参与自觉活动所必不可少的自立性、自为性、创造性和能动性,然而割裂的主客体二元论过分强调人参与认识活动的"主体性",使其演变为占有性的个人主体性。个人主体性在肯定人的自我意识的同时,强调人的主体支配性。在主体的支配下,人以外的一切事物都被客体化,唯有认识、主宰、掠夺客体,人最终才得以确认主体"价值"。个人主体性的出现,增强了人类征服自然、推动文明进步和现代化进程的步伐,然而更需要认识到,"主体性"推崇催生"个人至上"的价值取向和人类中心主义;它表现为一切以自我为中心,将他人、自然与社会视作实现个体目的的手段。工业时代,科学技术的飞速发展和早期哲学思想变革促使个人主体意识和理性精神不断成熟,形而上学思维对教育本质与教育价值取向产生深刻影响。在传统的哲学观指导下,教育活动被视作教育主体与教育客体间关系的活动。"主体性"将教育抽象为对象化的实践活动,学生被视为待改造的自然物。主体性教育无视学生丰富性、生成性的主体价值,将其抽象为刻板僵化的知识容器。在此影响下,主体性教育理念指导的微课教学活动以工具主义为技术取向,使教育主体偏离教育活动的中心,学生作为对象化的教育客体被排除在微课教学活动之外。学习活动扁平化,沦为单向枯燥的知识灌输。

教育是有目的地培养人的活动,教育的价值是实现个体的个人价值和社会价值,然而人的价值来源于社会性的本质属性,体现在主体间交往所彰显的意识、情感、能力、态度等人之主体性。主体性教育的误区在于,教育活动和对象化的改造活动存在本质差别。教育是教育主体与学习主体借助交往、对话而不断展开的,关于价值建构和交互影响的活动。主体性的教育奉行功利主义的价值诉求,以利益最大化为目标。尽管"人是目的",但是在工具理性的改造下,人也可以被异化为具有实用属性的"工具"。在"政治人""经济人"的功利性改造下,学习者与"为人"的内在规定性相背离,异化为"物"的存在形式。主体性教育抽象并消解了教育"以人为本"的价值尺度,彰显了与生产力和上层建筑相关的特质,主体性教育本质观不涉及人的活动足迹,也不涉及对人的自由和价值实现的认识。从发生学的角度认识教育活动,一切的教育活动出现在人类诞生之后,失去人类存在和需求,教育也失去了存在和发展的前提条件。

主体间性教育思想早见于苏格拉底检验认识准确性的标准判断,他认为唯有借助"主体间的对话",观察者才能判断自己对观察对象的概述是否真实或正确。其后,主体间性教育思想分别在杜威民主教育思想、马卡连柯集体主义教育思想、苏联"合作教育"和德国"交往教学论"中有所体现。上述思想虽然与当今所倡导的主体间性教育有一段距离,只能被视为主体间性教育思想的雏形,不过以历史的、辩证的眼光客观把握主体间性教育思想的历史发展过程,不难看出,主体间性教育在人对自然、社会、自身的异化方面显示出强大生命力。

2. 主体间性的教育本质

学习化社会环境下,教育的本质即"主体间的指导学习",[①]"主体间"的教育本质观将教育的本质认识回归到教育活动本身,复归到"人"的教育实践活动。"主体间"认同教育主体"此在""共在"以及主体间性存在特征,否定孤立存在的、单子化的教育活动,孤立的、缺乏交往的教育活动无法彰显教育"为人"的本质。"主体间性"表明教育活动是两个及以上主体之间共在的,通过交往、交流、互动而产生的指导学习

---

① 郝文武.主体间指导学习:教育的最一般本质——教育本性从本体恒一到本质生成的再认识和新实践[J].山西大学学报(哲学社会科学版),2015,38(06):82-90.

活动。主体间性教育本质观与人的本质特性密切联系,换言之,人的本质特性规定着教育的本质。然而,存在先于本质,人的本质不在于规定性,而在于可能性。人在世界中造就自己,通过主体间性教育展开人的可能性。主体间性教育认为教育活动须关注主体间的互动、理解与共识,教育本质观不能从物质性的主客体生产关系处找寻生存根基,更不能从抽象、虚幻的思想王国处谋求出路,对教育本质的追寻应该从主体间的交往活动着手,依据教育活动的"人本"属性,以史为鉴,做出符合现实的答复。

主体间性教育本质观认为教育活动在主体间的关系达成中生成。缺失主体间关系的耦合与生成,教育活动中的主体就会陷入一种封闭、孤立的尴尬境地。本质主义的教育活动观往往脱离教育活动的现实存在,谋求教育的理想依托和本质规定性,以致教育活动与自身价值相疏离,最终导致教育主体的抽象和异化。

主体间性教育本质承认人的具体性、完整性、现实性与丰富性。主体性教育以功利性和占有性为价值取向,所培养的教育主体以知识占有为最终目的,这种工具理性主导的教育本质观往往将学习者塑造为缺乏思考、奴役自然的"单向度"的人。进一步来说,人是生活世界的存在物,将教育的本质拉回主体生存的真实世界,将主体看作丰富而具体的生命存在,实际上也就告别了本质主义对主体的抽象和异化。教育从本质上也是立足于生活世界的,是人的生活世界中的教育,是体现着人类价值的教育,是促进人不断生长的教育。

主体间性教育本质是交往性的,它促使主体以交往和对话走向社会、走向世界。主体以对话实现信息、观念、情感、态度的交流、理解和共识。主体间性教育本质是对话性的,差异是主体间对话的前提。在平等、互信、互相尊重的基础上,教育主体间以语言等符号为媒介,进行精神上的沟通和理解,对话性的教育语言是主体间教育交往的关键所在。主体间性教育本质是理解性的,它呼吁教育主体对学习内容做出创造性的理解,从而揭示"小我",生发自身价值。

二、微课教学模式的教育理论依据

（一）认知负荷理论

认知负荷理论是 1988 年由认知心理学家约翰·斯威勒（John Sweller）基于人类认知结构中短时记忆的容量有限性提出并发展起来的，之后得到了世界各地研究者的广泛研究。[①] 人脑处理信息时，是通过短时记忆来处理从感觉记忆和长时记忆中提取到的信息。短时记忆是信息加工的主要方式，所有信息都要先进行短时记忆加工之后才可以变为长时记忆，但它的容量有限（为 7±2 个组块），若所要加工的信息量超出了短时记忆容量，则这次的加工就会变得无效，无法转化为长时记忆。因此，认知负荷理论十分重视短时记忆在信息加工中的作用。

认知负荷包括内在认知负荷、外在认知负荷和相关认知负荷这三种类型。其中，内在认知负荷是由学习者和材料本身决定的，不受外界因素影响；外在认知负荷主要是由教学设计不当所产生的；相关认知负荷指的是促进学习者知识建构的认知负荷。因此，为了让学生完成对信息的有效加工，学习过程更加快捷高效，在进行教学设计时应最大化地减少外在认知负荷，适当增加有用的认知负荷，且认知负荷的总量不可超出学生的可以接受范围。

微课之所以易被学生所接受，就是源于其短小精悍、知识精简的特点，相对于内容广泛的传统课堂教学，一节微课所涵盖的内容更少，更加细化，设计的时长基本在 5 ~ 8 分钟，也就是认知负荷理论中所提到的认知负荷总量较小，不易超出短时记忆的加工容量。其主题鲜明、重点突出的特点可以大幅减少学生学习的外在认知负荷，增加有用的认知负荷，大幅提升学生的学习效率。

[①] Sweller J. Cognitive load during problem solving: Effects on learning[J]. *Cognitive Science*, 1988, 12（02）: 257-285.

（二）学习动机理论

学习动机理论认为,学生的学习动机将直接影响并决定其学习效果,在学生的身心发展中有着举足轻重的地位,好的学习动机是一段成功学习经历的前提和基础。学习动机分为外部学习动机和内部学习动机:外部学习动机主要指由个体以外的诱因引起的动机;内部学习动机主要指由个体本身引起的动机。内因是影响学生发展的第一位因素,而外因又可以对内因产生一定影响,例如,教师的赞许和肯定可以影响学生的学习心态,使学生自身更加愿意学习,激发内部学习动机。

基于这一理论,在进行微课设计时,要注意尽可能让微课内容更加贴近生活,采用动画特效把抽象难懂的概念、规律、习题转化为形象有趣的视频,让学生学习起来更加轻松,从而激发学习兴趣,将外部学习动机转化为内部学习动机。

第三节　高校英语教学中微课模式的应用

一、高校英语教学中应用微课模式的时代背景

微课能够成为当下流行的优质教育资源,源于科学技术的坚实基础、教育理念的与时俱进、教育政策的不断推进和教育信息化资源的有力建设。然而,技术工具论凌驾于技术思维与技术活动上,当教育者以技术工具论为认识基础而开展微课的技术开发与教育活动时,便陷入两难的境地。面对媒介技术,人们试图彰显人之"主体性",以控制为原则解决技术问题,然而媒介环境学认为媒介技术的本质无关工具性,对技术工具论的批判也并非意味着对技术工具性理解的完全否定。媒介技术不是合目的性的纯粹手段,它关乎"存在"问题。理解媒介,理解媒介对生存的建构,规定着人类如何技术化地展开世界、如何理解"存在"。

（一）科学技术的发展

科学技术为微课发展提供坚实的物质基础。以计算机网络技术和移动通信技术等为代表的高技术正深刻改变当前人们的学习、生活和生产方式，计算机技术和互联网技术为图像、视频、音频等多媒体处理技术和传播渠道提供有力保障，通信技术的实时化、多任务、高速化等特点为数字化学习保驾护航。不但如此，电子技术的更新迭代加速智能手机、平板电脑等移动终端的性能优化和大众普及。随着云计算技术的不断推广和普及，公众对资源的存储与使用愈加便捷。

（二）教育理念的转变

教育理念的转变为微课发展提供内生动力。现代性教育理念将教育者与受教育者区别为"主体"和"客体"，这种二元对立的认识模式为教育者施加理性与知识权威的厚重光环，教育活动在无形之间为施教者和受教者构筑一道无法逾越的鸿沟，导致教育模式的僵化。后现代哲学语境中的教育理念与互联网时代去中心化、非连续性的特点相呼应，后现代视域下的"主体间性"要求颠覆二元分裂，以平等对话的关系展开你我双方的学习和交往。在平等交往的教育理念催生下，对应的教育模式也要求教育活动将主动权移交至学习者的手中。翻转课堂和慕课等新型学习模式回应学习型社会对教育主体角色定位和目标任务的要求，同时为微课的发展奠定可能。翻转课堂重构教学流程，将学习的主动权转交给学生，学生通过观看在线视频、翻阅书籍、搜索网络等方式完成课外的自主学习，视频微课在课前知识内化环节起到重要作用。

二、智慧教学理念下高校英语微课教学模式的实施

微课教学模式在当前高校英语教学中具有显著的优势，其对于高校英语教学改革和提升教学质量具有重要意义。在我国，高校英语教学微课教学模式的发展日益成熟，受到了广泛关注。尽管微课的设计和实施仍然是当前研究的重点问题，但我们不能忽视其在高校英语教学实践中的应用价值。因此，下面就高校英语微课教学模式提出一些建议，以期

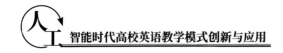

为推动我国高校英语教学改革提供参考。

（一）构建微课学习平台

高校英语教学微课教学模式以视频为主要载体，通过生动、直观的影像，将知识点传递给学生。视频作为一种现代化的教学手段，不仅能够提高学生的学习兴趣，还能培养教师的信息化应用能力，从而提升高校英语教学质量。

高校英语教学微课教学模式并不仅限于视频这一单一形式。为了使教学效果更好，一些辅助模块也被纳入微课教学中。例如，微练习和互动答疑等环节，这些都能够进一步激发学生的学习兴趣，增强他们的实践能力和互动能力。这些辅助模块犹如一把钥匙，为学生打开了通往知识的大门，使他们更加乐于学习，善于学习。

在众多高校英语教学微课教学模式的创新中，微慕课平台可以说是一个亮点。它将微课教学与慕课模式相结合，使高校英语教学微课教学展现出更为系统化和专业化的特点。微慕课平台不仅具有丰富的知识含量，而且结构灵活，系统性强，制作成本低，这些优点使其在教育领域具有广泛的应用前景。

（二）提升微课视频录制技术

微课录制技术在当今教育领域中的应用越来越广泛，它以其独特的优势为教师和学生提供了便捷的学习方式。为了让微课更好地服务于教育，需要在录制技术上追求更高的质量，同时让操作过程尽可能简单，以便教师能够轻松上手并享受录课的过程。

首先，要让微课录制技术更简单易懂，研究人员需要在技术研发上不断突破和创新。这意味着研发出更加人性化的录课软件，让教师可以轻松地掌握录制技巧，降低录课的难度。此外，通过提供详细的使用说明和在线培训，帮助教师快速提升自己的微课录制技能，从而提高教育教学质量。

其次，微课的研究人员应该致力于网络多媒体技术的改进和发展。随着科技的发展，网络多媒体技术日新月异，研究人员要紧跟时代步伐，掌握最新的技术动态，将这些技术应用到微课录制中。这样一来，微课的教学效果将得到全面提升,更能满足学生的个性化学习需求。

此外,为了让微课教学模式更加普及,可以在推广上多做工作。教育部门可以联合企业、研究机构等相关力量,共同推广微课教学,让更多的教师了解并应用这一教学模式。同时,通过举办各类研讨会、培训班等活动,让教师有机会交流经验、分享心得,提高微课教学的整体水平。

最后,应注重微课录制技术的普及与质量并重。在推广高校英语教学微课教学的过程中,不能忽视教学质量的把控,要确保每一个微课作品都符合一定的质量标准。这样一来,学生才能在享受微课带来的便利的同时获得高质量的高校英语教学资源。

(三)加强微课资源的开发与共享

微课的出现为解决高校英语教学资源不均衡提供了有力支持。通过网络平台,优质的微课资源可以轻松传送到全国各大高校,实现高校英语教学资源共享。在这个过程中,教师可以根据自身教学需求,挑选合适的微课资源,为学生提供更多元、丰富的学习体验。同时,微课的共享机制也有助于提高教师的教学水平,激发学生的学习兴趣,从而提升整体教学质量。

第五章

人工智能时代下高校英语教学的创新模式——慕课

　　慕课作为一种新兴的教育模式，已经在我国高校英语教学中取得了显著的成果。慕课在英语教学中的应用，为学生提供了丰富的学习资源，拓宽了教学渠道，打破了时间和空间限制，使学习变得更加灵活、自主。本章将探讨人工智能时代下高校英语教学的创新模式——慕课，分析其优势与不足，并探讨如何在英语教学中更好地应用慕课，以培养具有创新精神和跨文化素养的人才。

第一节　慕课教学模式的内涵与分类

一、慕课教学模式的内涵

（一）慕课教学的内涵

慕课，MOOC，是 Massive Open Online Courses 英文首字母的缩写，中文翻译成"慕课"。慕课有突破传统课程时间、空间的限制，依托互联网，世界各地的学习者在家即可学到国内外著名高校课程，突破传统课程人数限制，能够满足大规模课程学习者学习等特征。弗林（James T. Flynn）认为大规模在线开放课程是高校的最新创新之一，它们是颠覆性创新现象的典型代表。[①] 高地认为"慕课"是推动教育变革的创新举措，秉持实现优质教育资源全球共享、现代教育与信息技术深度融合的核心理念，[②] 在慕课平台上，集合了全世界知名高校的课程，通过手机或电脑可以随时观看、学习。

李晓明、张绒认为慕课中名校、名师、开放、免费，这几个关键词是极具魅力的，向人们展现出一个愿景，唤起了各种对高校未来的畅想，并展开了令人鼓舞与深思的创新实践。[③] 慕课将世界上最优质的教育资源汇集，免费、开放供大众使用，丰富了大众的学习方式。贺卫东认为当前将慕课称为"课程"，实为泛化意义的名称，限于慕课本身的缺陷，其目前尚未实现教育学概念上的课程本质，属于课程资源，是现代课程

---

① Flynn, J. T. Moocs: Disruptive Innovation and the Future of Higher Education[J]. *Christian Education Journal*： *Research on Educational Ministry*，2013，10（1）：149-162.

② 高地."慕课"：核心理念、实践反思与文化安全 [J].东北师大学报（哲学社会科学版），2014（05）：178-186.

③ 李晓明，张绒.慕课：理想性、现实性及其对高校的潜在影响 [J].电化教育研究，2017，38（02）：62-65.

的有益补充与提高。在慕课课程化的过程中,需要不断增加课程的交互性、体验性、情景性等特征。① 慕课视频的精炼、重难点突出是常规教学模式的有益补充,课前学生观看慕课预习,为课堂学习做铺垫,提高学习效率。

(二)慕课教学的应用

格里菲斯(M.A. Griffiths)等人在 Massive open online courses(MOOCs) for professional development: meeting the needs and expectations of physical education teachers and youth sport coaches② 研究中提出,虽然被提倡作为一种创新类型,可以优化学习者的分享、好奇心和发现倾向,但人们对专业学习者如何回应大规模开放在线课程(MOOC)课程以告知他们的实践知之甚少。根据访谈法和在线调查法,通过调查 483 名学生,发现这些特征在促进参与方面是积极的,例如,调查分析发现,有四个特征具有影响力:建立相关性、促进桥接、个性化设计和建立社区。构建的主题反映了参与者如何组织和协商 MOOC 体验,并阐明了他们导航和使用课程内容的方式。这项研究的证据为 PD 的数字体裁结构以促进参与的方式提供了见解,对在线概念化和实践教学法的方式提出了更广泛的挑战。

托托(Toto, G.A)等人在 Research on a massive open online course (MOOC): a Rapid Evidence Assessment of online courses in physical education and sport③ 中提出,在线学习领域是采用电子数据库中 MOOC、e-learning、体育运动等主要概念的组合术语进行研究。在包容性方面,教学干预的目标是在线教学,如虚拟体育教育、补充课程和基于在线课程的学习。国际科学文献强烈关注三个主题:(1)在线教育的

---

① 贺卫东.慕课本质与中国实践取向分析[J].当代教师教育,2018,11(03):53-60.
② Griffiths M A, Goodyear V A, Armour K M. Massive open online courses (MOOCs) for professional development: meeting the needs and expectations of physical education teachers and youth sport coaches[J]. *Physical Education and Sport Pedagogy*, 2022, 27(3): 276-290.
③ Toto G A, Limone P. Research on a massive open online course (MOOC): a Rapid Evidence Assessment of online courses in physical education and sport[J]. *Journal of Physical Education and Sport*, 2019.

设计研究和实施;(2)结果测量:认知、情感、精神运动和评估工具;(3)学生表现、感知、学生和教师的促进因素和障碍。讨论:体育 MOOC 领域的科学研究,寻求放弃他们正在解决的经典研究主题,以解决新的问题,这些问题包括:学生的使用和看法;教师的使用和看法;学生体育教育的学习成果。

在韩国,慕课教育更是被众多学者接受,并得到政府部门的支持,在 K-MOOC 上开设多门课程,让学生有更多的学习选择。有学者认为,K-MOOC 能在韩国持续使用的关键因素是教育者或教师开发和传授对学习者有帮助的适用课程是至关重要的,并且这个结果不仅仅适用于韩国 MOOC 的成功,同时也适用于其他文化相似的东亚国家[①]。

(三)慕课教学的设计要点

1. 课程长度

研究表明,学生在观看教学视频时,其专注力通常只能维持 10 ~ 20 分钟。因此,在设计慕课课程时,需要考虑到学生的注意力和学习动力。每周授课时数建议在 2 ~ 3 小时之间,每门课程总时数则为 15 ~ 35 小时。将视频内容分成 8 ~ 12 分钟的短单元,每个单元代表一个连贯的概念,这种方法可以帮助学生在学习过程中保持兴趣和集中注意力。

如果在线学习时间过长,可能会导致学习成效下降,学生可能会失去学习兴趣和学习动力。因此,将学习时间分散开来,每次学习时间控制在一定范围内,可以帮助学生更好地掌握知识。这种碎片化的学习方式可能越来越流行,因为现代人的注意力时长越来越短。

2. 教学视频的制作

(1)制作课程描述页

首先,课程名称、简短的课程描述、课程任务量等基本信息应该清晰

① Thomas Jin Park, Jaehoon Whang, Sean Watts, Dong Gyun Han. Key success factors in the continuous use of MOOC education in South Korea[J]. *International Journal of Innovation and Learning*, 2022, 31(2): 1.

明了。这些信息可以帮助学生了解课程的基本情况,从而做出更好的决策。

其次,课程简介、授课教师简介、课程大纲等详细信息应该尽可能地丰富,以帮助学生更好地了解课程。

最后,制作课程宣传片也是非常重要的。一个好的宣传片可以吸引更多的学生注册该课程。

通过精心设计的课程描述页面,慕课平台可以更好地吸引学生的注意力,提高课程的注册量,同时也为学生提供更好的学习体验。

（2）创建会话网站

为了创建高质量的线上课程,教师需要了解并掌握一些课程制作的技术。这样他们才能更好地利用在线平台,充分了解其作用和局限性,以便更有效地设计和准备课程材料。

第一,熟悉会话网站。教师需要了解会话网站的功能和使用方法,包括如何上传课程材料、设置测验和编程作业,以及如何定制和调整会话网站的结构和内容。他们还需要学会使用各种工具和功能来方便地与学生进行交流和评估。

第二,创建课程的章节。在创建课程时,教师需要将课程内容划分为不同的章节,每个章节代表一个概念或主题。他们需要为每个章节添加相应的课程材料,如讲座视频、测验等,并设置每个章节的上线和下线日期。

此外,教师还需要注意一些其他事项。例如,他们需要确保课程材料的质量和准确性,以便学生能够正确理解和掌握课程内容。同时,教师还需要根据学生的学习特点和需求,合理安排课程内容和进度,并提供适当的指导和支持,以帮助学生更好地学习和发展。

（3）制作课程描述页

在准备好课程材料之后,教师可以按照以下步骤制作课程描述页。

第一,进入课程管理平台。教师需要登录到相应的课程管理平台,如 MOOC 平台等。

第二,添加课程材料。在课程管理平台上,教师可以添加已经准备好的课程材料,如课程视频、讲座、测验、编程作业等。

第三,填写课程描述页。在课程管理平台上,教师可以编辑课程的基本信息和详细信息,如课程名称、描述、教学目标、选修知识等,以便学生了解课程的相关信息。

第四,添加简历。教师可以添加自己的简历,包括教育背景、教学经验和相关成就等,以展示自己的专业能力和教学风格。

第五,添加其他教师和教学人员。在课程管理平台上,教师可以邀请其他教师和教学人员参与课程的教学工作。准许他们访问课程页面和相关材料,以便他们能够协助教学和管理。

第六,在会话网站添加课程材料。

通过以上步骤,教师可以制作出高质量的线上课程描述页,以便学生更好地了解课程的相关信息,提高课程的注册量和参与度。同时,教师需要注意更新和维护课程材料和描述页,以确保其准确性和时效性。

(4)准备课程讲座视频的材料

在视频开播之前,教师需要提前准备材料。在开播之后,教师也需要根据实际情况对视频进行调整。这有助于及时调整和改进课程,以满足学生的学习需求和期望。同时,教师还应该合理安排时间来准备和制作课程材料,确保其质量和准确性。通过持续改进和优化课程内容和材料,教师可以提高教学质量,增强学生的学习体验。

(5)课程制作的时间安排

在课程开始前的两个月,教师需要录制、编辑和上传课程材料。以下是具体的操作步骤。

第一,编写课程材料。教师需要准备相应的课程材料,包括文字、图片、音频和视频等内容。

第二,录制讲座视频。教师需要录制讲座视频,确保视频内容清晰、准确、生动,并且能够有效地传达课程知识。

第三,编辑视频。在录制完讲座视频后,教师需要对视频进行编辑和处理,以确保视频的质量和准确性。

第四,上传视频到慕课平台。将编辑好的视频上传到慕课平台上,以便学生能够观看和学习。

第五,上传相关的课程资源。教师需要上传与课程相关的其他资源,如作业、阅读材料、参考书籍等。

第六,为录制的视频创建嵌入式测验。在每个视频中嵌入测验,以便学生能够自我检测学习进度和掌握程度。

在课程开始前的一个月,教师需要编制课程评价的内容并管理会话网站。以下是具体的操作步骤。

第一,编写由机器自动评分的作业。教师需要准备一些自动评分的

作业,以便学生能够进行自我测试和练习。

第二,为课程评价设置评分规则和截止日期。教师需要设定评分规则和作业提交的截止日期,以便学生能够了解如何获得课程成绩。

第三,编写并发送欢迎邮件或公告。教师需要发送欢迎邮件或公告给学生,介绍课程的内容、安排和要求。

在课程开始之前的两周,教师需要对课程上线前的所有工作进行最后的检查和收尾工作。

在以上步骤都完成的情况下就可以录制课程讲座视频。

3. 作业与测验

教师在设计 MOOC 教学时,可以利用在线平台的功能来有效地管理课程和评估学生的学习进度。

在 MOOC 中嵌入小测验可以帮助学生保持注意力并测试他们的理解程度。这些测验题目通常不会计入学生的学习成绩,因此难度不宜过高,也不应涉及太复杂的演算或计算。这样可以帮助学生在学习过程中保持积极性和参与度,并了解自己的学习进展。

除了嵌入式测验外,MOOC 教师还可以提供作业和进行测验。一个完善的 MOOC 平台会提供完整的作业 / 测验功能,以便教师能够方便地布置作业、设置测验和收集学生的答案。

由于 MOOC 通常具有开放式在线教学的特点,每个班级的学生人数可能非常多,因此教师或助教不可能一一批改每位学生的作业和测验。为了实现有效的评估,最理想的方法是利用计算机自动批改或同伴互评。

计算机自动批改可以利用算法和人工智能技术来快速准确地评估学生的作业和测验答案。这种方法可以减轻教师的负担,并提高评估的效率。

同伴互评是一种学生之间互相评估作业和测验答案的方法。它可以帮助学生互相学习、提高批判性思维和评估能力,同时也可以减轻教师的负担。

在实施同伴互评时,教师需要为学生提供指导和培训,以确保评估的准确性和公正性。此外,教师还需要监控整个评估过程,并对学生的评估结果进行抽查和监督,以确保评估的质量和有效性。

4.讨论区

教师需要精心设计讨论区,以引导学生进行讨论并促进学习论坛的产生。通过选修同一门课程的学习者聚集在一个统一的时间段内进入课程讨论论坛,他们可以提出自己的疑难问题,也可以帮助其他学生答疑解惑。

当有学生提出问题时,先让其他学生共同参与讨论。通过集思广益,可以促进学生之间的互相学习和交流。经过讨论后,教师或助教可以提供正确答案,对重点问题进行总结和解释。

二、慕课教学模式的分类

(一)基于任务的慕课教学模式

这一模式具体如图 5-1 所示,其主要研究的是学生在任务完成之后对知识、能力的获取情况。学生可以从自身的学习方式出发,按照具体的步骤开展教学,可见学生的学习是具有灵活性。学生可以对一些录像、文本等进行观看,也可以共享其他学生的成果,从而完成自身的任务。

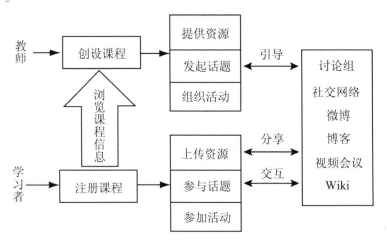

图 5-1　基于任务的慕课课程设计开发模式

（资料来源：蔡先金等，2015）

（二）基于内容的慕课教学模式

这一模式如图 5-2 所示，主要侧重于学生对内容是否掌握清楚，一般会通过总结性评价、形成性评价等手段，来评估学生的学习成果，注重研究学习社区的相关内容。在这一模式中，很多名校视频也包含在内，并设置了专业的用于测试的平台，学生在这一平台可以免费进行学习，并可以取得相应的证书。

综合而言，上述两大模式的特征可以总结如下。

第一，慕课课程设计以及活动组织都是建立在网络这一平台基础上的。

第二，慕课课程设计不仅包含了课程资源、课程视频等内容，还容纳了学习社区等内容。

第三，慕课课程的时间一般不会太长，控制在 8 ～ 15 分钟之内最佳。

第四，慕课课程设计主要是考虑大众因素的，因此在目标设置的时候也需要从多方面考虑。

第五，慕课课程设计应保证创新性和开放性。

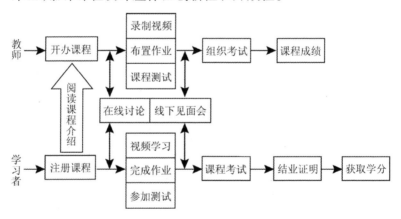

图 5-2　基于内容的慕课课程设计开发模式

（资料来源：蔡先金等，2015）

第二节　慕课教学模式的理论依据

一、视听教育理论

（一）视听教育理论的核心——"经验之塔"

视听教育理论的心理基础有三个，即经验之塔理论、视感知规律和听感知规律。下面将对视听教育理论的核心——"经验之塔"进行简要阐述。

经验之塔理论是由美国教育家戴尔在 1946 年提出的，它是一种关于学习方法和学习效果的理论。戴尔认为，人们学习知识主要通过间接经验获得，即通过听、看、实践等方式获得知识和技能。同时，他认为学习应该从具体经验入手，逐步过渡到抽象经验，这样可以提高学习效果和质量。

经验之塔理论把学习分为三个大类：做的经验、观察的经验和抽象的经验。

1. 做的经验

经验之塔是一个层次分明的模型，从最底层的直接有目的的经验到顶层的抽象经验。其中，"做"的经验位于经验之塔的底部，强调通过实践从做中去获得经验。这种经验包括三个层次。

第一，直接有目的的经验。这是通过直接接触真实事物本身而获取的具体的、丰富的经验。例如，通过观察真实的花朵、触摸真实的木材等来获得对真实事物直接、具体的感知和经验。

第二，设计的经验。这种经验是通过学习标本、模型等间接材料而获得的。虽然这些标本和模型是人工设计和仿造的，与真实事物在大小

和复杂程度上存在差异,但它们是"真实的改编",可以帮助人们更容易地理解和领会真实的事物。例如,在学习生物学时,通过观察模型或标本,可以更好地理解真实生物的结构和功能。

第三,演戏的经验。这是通过演戏或表演而获得的那些在正常情况下难以获得的经验。例如,通过表演历史剧来理解历史事件的背景和人物角色,或者通过模拟法庭来了解司法程序和法律规则。

总之,"做"的经验强调了实践和学习之间的重要关系。通过亲身实践,学习者能够从做中去获得具体、丰富的经验,从而更好地理解和掌握知识。同时,设计的经验和演戏的经验也是获取经验的重要途径,它们通过间接的方式帮助学习者获得难以直接获取的经验。

2. 观察的经验

观察的经验位于经验之塔的中间位置,强调通过观察别人的行为、活动或事物来获得经验。这种经验包括以下五个层次。

第一,观摩示范。通过观察别人如何做某件事或完成某个任务,学习者可以获得如何进行该活动的直接经验。观摩示范可以是现场观察,也可以是通过视频或演示文稿等媒介进行观察。学习者可以了解别人的操作过程、技巧和方法,从而模仿并应用于自己的实践中。

第二,学习旅行。通过野外学习旅行对真实事物和各种景象进行观察,学习者可以获得对真实世界的直接经验。这种旅行通常涉及对自然环境、历史文化遗址、社会现象等的观察和研究,让学习者通过亲身观察和体验来获得对真实世界深入的理解。

第三,参观展览。通过参观各种展览,学习者可以观察陈列的材料、展品和展板等,从而获得对特定主题或领域的直接经验。展览可以是博物馆、艺术展览、科技展览等,涉及各种主题和领域。学习者可以通过观察展品、阅读相关说明和与展品互动等方式来获取经验。

第四,电视和电影。通过观看电视和电影等媒体作品,学习者可以获得对特定情境和事件的间接经验。这些经验是替代性的,因为它们是通过媒体获得的而非直接观察现实。然而,它们能够为学习者提供对历史事件、文化背景、虚构故事等的深入了解和体验。

第五,广播、录音和静止画面。这些是通过听觉或视觉的方式获得的经验。它们可以是广播节目、录音资料或静态图片等,使学习者能够通过听或看来获取间接经验。这些经验的抽象层次比电视和电影要高一些,因为它们没有提供与电视和电影类似的视听效果和情景模拟。

3.抽象的经验

在经验之塔理论中,学习应该从具体经验开始,逐步过渡到抽象经验。也就是说,学习者应该先从实际经验中获得直接经验,然后通过观察别人的行为和活动获得观察经验,最后通过学习符号、语言文字等抽象事物获得抽象经验。

经验之塔理论对教育实践具有重要的指导意义。首先,教育教学应该从具体经验入手,逐步过渡到抽象经验,这样可以提高学习效果和质量。其次,对于低龄儿童,应该大量增加直接经验,接着是观察经验,这样可以更好地促进他们的认知发展。最后,游学是有益的,读万卷书即抽象的经验,行万里路即观察的经验和做的经验,这样可以更好地促进学生的综合素质发展。

(二)视听教育理论对现代教育技术的影响

视听教育理论对现代信息技术教育的影响深远,具体表现在以下几个方面。

首先,视听教育理论强调学习经验的抽象与具体之间的转换。这种观点对于现代信息技术教育有着重要的启示。现代信息技术教育注重利用数字媒体和互联网技术,将抽象的知识点以更直观、具体的方式呈现给学习者。例如,通过多媒体课件、在线视频、虚拟现实等技术手段,将抽象的知识点以图像、声音、动画等形式呈现,帮助学习者更好地理解和记忆。同时,现代信息技术教育也强调培养学习者的抽象思维和创新能力,通过引导学习者进行探究性学习,促进学习者从具体思维向抽象思维的转换。

其次,视听教育理论为视听教材的分类和选择提供了重要的依据。在现代信息技术教育中,各种数字媒体和互联网技术的应用使教学内容更加丰富多样,同时也需要根据不同的教学目标和教学内容选择合适的教学媒体。视听教育理论对视听教材的分类和选择提供了有益的参考,教育者可以根据不同教学媒体所能提供的学习经验的具体或抽象程度,选择合适的教学媒体,以更好地满足学习者的需求,提高教学效果。

最后,视听教育理论对现代信息技术教育的实践和研究具有重要的指导作用。现代信息技术教育注重利用数字媒体和互联网技术来优化教学过程,提高教学质量,而视听教育理论则为这种实践和研究提供了重要的理论支撑和实践指导。例如,在利用数字媒体进行教学过程中,如何设计教学内容、如何选择合适的教学媒体、如何评估教学效果等问题都需要借助视听教育理论进行深入研究和探讨。

二、教育传播理论

教育传播是由教育者按照一定的目的和要求,选定合适的信息内容,通过有效的媒体通道,把知识、技能、思想、观念等传送给特定的教育对象的一种活动。它旨在让学习者通过接受信息,从而掌握知识、技能和树立正确的价值观。教育传播是教育系统的重要组成部分,对于提高教育质量和效果具有至关重要的作用。

(一)教育传播的特点

概括来说,教育传播具有以下特点(表5-1)。

表5-1 教育传播的特点

教育传播的特点	具体阐述
目的性	教育传播的目的明确,旨在传播特定的知识和技能,达到一定的教育目标
特定性	教育传播的对象是特定的,即针对特定的学生或学习者群体
媒体多样性	教育传播可以利用多种媒体进行,如教材、多媒体资源、网络等
双向互动性	教育传播是一种双向互动的过程,教育者与学习者之间需要相互交流和反馈,以更好地实现教育目标
动态性和序列性	教育传播是一个动态的过程,需要按照一定的序列进行,包括信息的编码、传输、译码等过程
效果反馈	教育传播的效果需要进行评估和反馈,以了解传播的效果是否达到预期的目标

（二）教育传播的基本原理

教育传播的基本原理主要包括以下几点。

1. 重复作用原理

重复作用的主要原理是通过多次呈现同一个概念，人们可以在不同的情境下更好地理解和记忆这个概念。这种重复呈现可以是在不同的场合、使用不同的词汇、通过不同的方式等。例如，在学习一门新的语言时，学习者可以通过在不同的情境下使用这种语言，如在课堂上、在日常生活中、在社交场合等，来加深对这种语言的理解和记忆。

重复作用也可以帮助人们更好地应用知识。通过在不同的情境下重复应用同一个概念，人们可以更好地掌握这个概念的应用技巧和方法。

2. 信息来源原理

权威人士或信誉良好的人所提供的信息更容易被人们接受，这是因为在社会中，人们往往认为这些人的信息更加可信、准确和有用。在教育传播中，教师作为重要的信息来源之一，需要树立起自己的良好形象，赢得学生的认可和信任。只有这样，学生才会更容易接受教师所传递的信息。

为了树立良好的形象，教师需要具备专业素养和道德品质，包括广博的知识储备、高效的教学技能、良好的师德师风等。同时，教师还需要注重个人形象和言行举止，做到严谨自律、言行一致，成为学生的表率和榜样。

此外，教师在教学中所使用的资料也必须具有正确、真实、可靠的来源。这需要教师对资料进行充分的核实和筛选，确保所使用的资料符合学术规范和道德标准。同时，教师还需要注重资料的更新和修正，及时更新教学资料，保持信息的准确性和时效性。

3. 抽象层次原理

相关研究表明,符号的抽象层次越高,其表达的具体意义就越广泛,但也更容易引起误会。在教育传播中,教师需要注意控制信息符号的抽象程度,确保学生能够理解和接受。

当教师使用抽象的符号或概念时,需要充分考虑学生的背景知识和理解能力。如果学生缺乏必要的背景知识或理解能力,他们可能会对抽象的符号或概念感到困惑或误解。因此,教师需要使用简单、直观的语言和例子来解释这些符号或概念,帮助学生理解其含义和应用。

此外,教师还可以通过多种方式来降低信息符号的抽象程度。例如,教师可以利用图像、图表、动画等直观的方式来呈现信息,帮助学生更好地理解和记忆。教师还可以通过实例和案例来解释抽象的概念或理论,使学生更容易将其应用于实际生活中。

4. 共同经验原理

教育传播从本质上来说就是传递与交换信息的过程。这个过程涉及教育者将特定的知识、技能和思想传递给学生的环节,为了保证教育传播的良好效果,教育者和学生之间必须具备共同的经验范围。

共同的经验范围是指教育者和学生之间对于某个领域的知识、技能和思想有着共同的认知和理解。这种共同的经验范围可以帮助学生更好地理解和掌握知识,同时也能够促进师生之间的交流和互动。

如果教育者和学生之间没有共同的经验范围,那么教育传播的效果就会大打折扣。例如,如果教师对于某个领域的知识非常精通,但学生对于这个领域一无所知,那么教师就很难将这个领域的知识有效地传递给学生。相反,如果学生对于某个领域已经有一定的了解和认知,但教师对于这个领域一无所知,那么学生就很难从教师那里获得更多的知识和技能。

因此,为了保证教育传播的良好效果,教育者和学生之间需要建立共同的经验范围。这需要教育者具备广博的知识储备和教学技能,同时也需要学生具备一定的前置知识和学习能力。只有建立了共同的经验范围,才能够更好地实现教育传播的目标,提高教育质量和效果。

第三节 高校英语教学中慕课模式的应用

一、慕课在高校英语教学中的应用设计

在我国高校英语教学改革的大背景下，MOOC（慕课）的融入成为一种必然趋势。不论是我国高校自主建设的 MOOC 平台，还是引进的国内外先进 MOOC 平台，都需要将教学模式进行 MOOC 化改革。如今，"翻转课堂"作为一种新兴的教学模式，有效运用 MOOC 平台，正在我国高校英语教学中发挥着重要作用。在高校英语教学改革中融入 MOOC 和翻转课堂模式，是对传统教学模式的一次创新性改革。这种教学模式有助于提高学生的学习兴趣和自主学习能力，培养学生的综合素质。

（一）课程目标

在我国，高校英语教学一直以其独特的教学理念和方法，为学生提供了学习英语的平台。这一教学模式以外语教学理论为基石，旨在帮助学生全面掌握英语语言知识及其基本应用能力。在此基础上，英语教学还着重培养学生的跨文化交际能力和自主学习能力，使他们在未来的职业生涯中具备较强的竞争力。

首先，在英语语言知识的教学方面，我国高校英语教学遵循系统、科学、严谨的原则，让学生从语音、语法、词汇等方面全面了解和掌握英语。通过听、说、读、写、译等多种训练方式，使学生具备扎实的英语基础，为后续的实际应用打下坚实基础。

其次，基本应用能力的培养是英语教学的核心环节。在这一环节中，教师着重培养学生的口语表达能力、书面表达能力、听力理解和阅读理解能力。通过模拟实际交际场景，让学生在实践中学会运用英语进行跨文化交际，提高他们在不同场合下运用英语的能力。

此外，自主学习能力的培养在英语教学中占有举足轻重的地位。教

师在此过程中引导学生树立正确的学习观念,培养独立思考、自主探究、合作学习的能力。学生通过自主学习,不断提高自己的英语水平,为终身学习奠定基础。

最后,英语教学还关注学生在未来职业生涯中的竞争力。随着我国改革开放和国际化进程的不断推进,英语已成为国内外交流与合作的重要工具,掌握英语能力的高校毕业生在求职、工作和国际交流等方面具有明显优势。因此,英语教学致力于培养学生具备较强的英语应用能力和跨文化交际能力,为他们的未来发展增添砝码。

(二)教学组织

在教育领域,一种名为"小班化或小组化教学"的方法日益受到关注。这种方法主张将班级学生进行分组,教师将教学内容分为不同的教学任务,为每个小组撰写相应的教学方案。在课堂上,各个小组承担教师角色,向其他小组讲授自己小组的教学任务。这种教学模式不仅激发了学生的学习兴趣,还培养了他们的合作精神和自主学习能力。

首先,教师需要根据学生的学习水平、兴趣和特长将他们分为 5 ~ 8 人的活动小组。在小组内,成员们共同设计目标任务的方法和操作过程,共同面对和解决探讨过程中出现的新问题。这种合作探索活动使学生在小组内形成良好的互动氛围,有助于提高他们的沟通能力和团队协作精神。

其次,在教学过程中,教师的角色发生了很大的变化。他们不再是知识的传递者,而是学生学习的指导者和引导者。教师指导学生小组开展学习活动,并在适当的时候给予提示,确保小组活动的顺利开展。这样的教学方式有助于培养学生的自主学习能力,让他们在课堂上更加主动地参与学习。

最后,教师在课堂上进行释疑解惑。学生通过课前自主学习和课堂小组活动,对课程涉及的英语语言知识有了初步了解。教师针对学生在自主学习和小组活动中的问题进行解答和梳理,对整个课堂的知识构架和重点难点进行系统的概括和总结。这样的教学方式有助于巩固学生的学习成果,提高课堂教学质量。

（三）教学评价

目前，MOOC 在线测试主要以选择题和填空题为主，这种测试方式确实有利于对学生语言知识内容的评价，如词汇、语法等方面的掌握。然而，这种测试方式却无法全面、有效地评价学生的英语语言运用能力，这是在 MOOC 教学评价中必须面对的挑战。

为了更好地评价学生的英语综合能力和英语教学效果，教师需要根据 MOOC 教学模式的特性，设计出具有语言输出评价功能的 MOOC 教学评价模块。这个评价模块应该包括对学生英语听、说、读、写四个方面的全面考察，以确保能够全面、准确地评价学生的英语语言能力。

首先，在听力方面，可以设计一些现实生活中的英语听力材料，让学生在规定时间内进行听力理解测试。这样可以更好地考查学生在实际语境中的英语听力水平。

其次，在口语方面，可以采用录音或视频的方式，让学生进行英语口语表达，然后由教师或其他学生进行评分。这样可以更加直接地评价学生的英语口语表达能力。

再次，在阅读方面，可以设计一些阅读理解题目，包括事实细节题、推理判断题等，以考查学生的英语阅读理解能力。

最后，在写作方面，可以让学生进行英语作文写作，内容包括观点阐述、信息描述等，从而全面考查学生的英语写作能力。

通过这样的评价模块，可以更加全面、系统地评价学生的英语综合能力和英语教学效果，使 MOOC 评价体系更加完善。同时，这也对教师提出了更高的要求，需要他们在教学设计和评价设计上更加用心，以提高教学质量。

二、慕课在高校英语教学中的应用策略

（一）转变教学理念

慕课在英语教学中的应用既是一种教育理念的转变，也是一种教学方法的更新。它不仅对英语教学产生了深远的影响，也对教育行业产生

了深远的影响。传统的英语教学模式主要是以教师为中心,教师在课堂上讲授知识,学生被动接受,而慕课则以学生为中心,学生可以根据自己的需求和兴趣,选择自己喜欢的教学内容,进行自主学习。这种模式不仅提高了学生的学习兴趣,也提高了学生的学习效果。在慕课的背景下,教师不再是知识的传授者,而是学生学习的引导者和指导者。教师需要具备丰富的知识和扎实的专业技能,同时还需要具备良好的教学能力和沟通能力。教师需要在慕课平台上进行资源的整合和运用,为学生提供高质量的教学服务。在慕课的背景下,学生需要具备较强的自主学习能力,才能在慕课中取得好的学习效果。学生需要主动寻找学习资源,主动参与学习活动,主动解决问题。同时,学生还需要具备良好的自律能力,才能在慕课中取得好的学习效果。

(二)注重英语的课程安排

在传统教学中,教师需要在 45 分钟的课堂时间里传授知识、解答疑问,而在慕课中,这一过程被浓缩为一系列精心制作的视频资源。因此,如何合理安排课程流程、优化设计慕课教学流程,成为慕课成功实施的关键。英语教学的目标是提高学生运用英语的能力,这一目标应贯穿于慕课课程的始终。为了实现这一目标,教师需要在慕课课堂上精心设计有利于学生未来职业发展的教学内容。例如,可以采用主题切入点来设计慕课的教学内容,使学生在学习过程中,能够锻炼在真实工作场景中对英语的运用。

在设计慕课课程时,教师应充分考虑到以下几个方面。

教学内容的筛选与整合:教师需要对课程内容进行精细化处理,确保学生在短时间内获取所需知识,提高学习效率。

教学流程的合理安排:教师应根据学生的学习习惯和认知规律,合理安排课程进度,使学生能够循序渐进地掌握所学内容。

实践环节的设计:为了提高学生的英语应用能力,教师应在慕课课程中设置实践环节,让学生在实际操作中锻炼英语技能。

反馈与评价机制的建立:教师需建立健全的反馈与评价机制,及时了解学生的学习情况,调整教学策略,提高教学质量。

激发学生的学习兴趣:教师可以运用多种教学手段,如生动有趣的案例、富有挑战的实践活动等,激发学生的学习兴趣,提高学生的学习积极性。

关注学生的个性化需求：慕课教学应注重学生的个性化发展，提供不同层次、不同类型的学习资源，以满足不同学生的需求。

（三）开展合作教学

在慕课环境下，教师的角色发生了很大的变化。他们不再是知识的传递者，而是引导者和组织者。教师需要利用先进的信息技术，在慕课平台上创建和整合教学资源，以满足学生个性化学习需求。在这个过程中，教师之间的合作至关重要。他们需要共同探讨教学方法、分享教学资源，以提高教学质量。学生在慕课中的学习也不再是孤立的个体行为，而是以小组合作的形式进行。教师要注重培养学生的团队协作能力和自主学习能力，通过设计各种合作活动，激发学生的学习兴趣，帮助他们形成良好的学习习惯。

慕课环境下的合作学习还体现在教师与学生之间的互动。教师要关注学生的学习进度，及时给予指导和鼓励。同时，学生也要积极参与课堂讨论，与同学和教师分享学习心得，形成良好的学习氛围。慕课环境下的合作学习是一种以学生为中心、教师为引导、网络信息技术为支持的教学模式。在这种模式下，教师之间的合作和学生之间的合作相互促进，共同提高教学质量。

（四）学习国外慕课课程的成功经验

面对国际化的教育发展趋势，我国教师应当积极拥抱国外先进的慕课课程，这不仅有助于拓宽教师的教育视野，了解世界前沿的教育理念，更能让教师在教学实践中借鉴优秀的教学方法和手段，提升我国高校英语慕课的教学质量。加强与国外高校的交流与合作是我国教师发展的重要途径。通过与国际知名高校共同探讨慕课课程的开发与实施，可以借鉴国外先进的课程设计理念，结合我国高校的实际需求，打造具有中国特色的慕课课程体系。此外，建立和完善慕课考核方式也是提高教学质量的关键环节。慕课考核应注重过程性评价，关注学生的学习进度、参与程度和成果展示。在此基础上，结合多元化的评价手段，如在线测试、小组讨论、案例分析等，可以全面评估学生的学习效果，为提高教

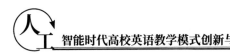

学质量提供有力保障。

　　实现教学资源的共享,是我国高校慕课发展的重要目标。通过搭建慕课平台,将国内外优质的教育资源整合在一起,打破地域和时间的限制,让学生能够随时随地接触到世界先进的教学资源。这将极大地提高我国高校英语慕课的教学质量,培养更多具有国际视野的优秀人才。我国教师应充分利用国外慕课教学资源平台,学习借鉴国外先进的慕课课程,加强与国外高校的交流与合作,建立和完善适合我国高校的慕课课程体系与考核方式。通过这些措施,可以实现教学资源的共享,提升我国高校英语慕课的教学质量。

第六章

人工智能时代高校英语教学的
创新模式——翻转课堂

随着人工智能技术的飞速发展,教育行业正面临着深刻的变革。翻转课堂作为一种创新的教学模式,将课堂上的讲授和课下的自主学习相结合,有助于提高高校英语教学的质量和效果。本章将从翻转课堂的溯源、定义与特征、理论依据以及在高校英语教学中的应用等方面进行探讨,以期为人工智能时代高校英语教学提供有益的借鉴。

第一节　翻转课堂教学模式的溯源、定义与特征

一、翻转课堂教学模式的溯源

翻转课堂作为一种新兴的教学模式,起源于 20 世纪末期,并在近年来得到了广泛关注和迅速发展。这一模式突破了传统课堂教学的局限,将学习重心从教师转移到了学生,强调学生的主动参与和自主学习。翻转课堂不仅有助于激发学生的学习兴趣,还能促进教师与学生之间的互动和合作,从而提升整体教学质量。

翻转课堂教学模式的起源可以追溯到美国教育家杰姆·莫里(Jimmy Li)和加拿大教育家阿尔特·鲍姆(Arthur Chickering)的研究。他们在 1999 年提出了"翻转课堂"这一概念,并倡导将课堂内的知识传授移到课堂外,让学生在课前自主学习,课堂时间则用于深入讨论和互动。这一理念在当时并未引起广泛关注,但随着互联网技术的快速发展,特别是网络教学资源的丰富,翻转课堂逐渐成了教育改革的重要方向。

翻转课堂教学模式的发展可以分为以下几个阶段。

初期探索阶段(2000 年初):在这一阶段,翻转课堂的理念逐渐被部分教师接受,并在个别学科领域开始尝试应用。由于网络资源的限制,翻转课堂的应用范围有限,但已显示出良好的教学效果。

快速发展阶段(2010 年):随着网络技术的普及和在线教学资源的丰富,翻转课堂在全球范围内得到了广泛关注。许多国家和地区开始尝试推广翻转课堂教学模式,并在不同学科、年级和教育水平上进行实践。在这一阶段,翻转课堂逐渐成为教育创新的热点话题。

深化应用阶段(2015 年至今):在这一阶段,翻转课堂的应用逐渐趋于成熟,越来越多的教师开始关注学生的个性化学习和自主发展。翻转课堂不仅成为一种教学方法,还成为教育理念和教学文化的象征。越来越多的学校和教育机构将翻转课堂纳入教学改革计划,并进行系统

化、规模化推广。

随着人工智能、大数据等技术的不断发展,翻转课堂教学模式将进一步融入智能化、个性化手段。教师将更多地扮演指导者和辅导员的角色,为学生提供更加精准、高效的教学支持。翻转课堂有望与其他创新教学模式相结合,共同推动教育事业的繁荣与发展。

二、翻转课堂教学模式的定义

翻转课堂是指重新调整课堂内外的时间,将学习的决定权从教师转移给学生。在这种教学模式下,学生能够利用课堂内的宝贵时间更专注于主动地基于项目的学习,共同研究解决问题,从而获得更深层次的理解。教师不再占用课堂的时间来讲授信息,这些信息需要学生在课前完成自主学习,他们可以看讲座视频、听播客、阅读电子书,还能在网络上与别的同学讨论,在任何时候去查阅需要的材料。教师也能有更多的时间与每个人交流。在课后,学生自主规划学习内容、节奏、风格和呈现知识的方式,教师则采用讲授法和协作法来满足学生的需要和促成他们的个性化学习,从而让学生通过实践获得更真实的学习。

(一)翻转课堂教学模式的流程

翻转课堂基本模式的流程如下所述(图6-1)。

1. 任务导学

教师根据教学目标,精心设计预习和复习的任务,以引导学生进行课外自主学习。通过设定明确的目标和路径,教师可以帮助学生更好地理解课程内容,并为课堂上的互动和讨论做好准备。

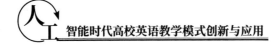

图 6-1　翻转课堂基本模式

2. 视频助学

教师根据教学大纲的要求,将知识点进行细致的划分,然后进行微课设计和录制。这些视频一般时长为 5 ~ 15 分钟,涵盖三种不同的类型。

第一种类型是新知学习视频,主要用于学生在课前进行预习。教师通过问题引导的方式,帮助学生了解即将学习的内容,并布置相关的预习任务,为课堂上的深入学习做好准备。

第二种类型是复习视频,主要用于学生在课前进行知识点的总结和梳理。通过回顾和总结之前学过的内容,学生可以巩固所学知识,并为课堂上的复习和讨论做好准备。

第三种类型是易错点学习视频,这类视频针对学生在课堂练习或考试中容易出错的难点进行解析。通过分析出错原因和纠正方法,帮助学生自主反思和提升,避免在以后的学习中再次出错。

3. 习题测学

教师定期发布在线习题,用以检测学生的学习效果。这些习题与学生的学习进度同步,以章节为单位,以便学生进行及时的自我检测。每个章节结束时,再进行一次验收测试,以便于对比学生在不同阶段对知识的掌握程度。通过这种方式,学生可以及时了解自己的学习状况,发现并纠正理解上的偏差,同时也可以加深自己对知识的理解和记忆。

4. 活动与互动

根据不同的教学内容和学生能力发展的目标,教师可以设计各种不同形式的小组合作学习活动,以满足学生的需求和激发他们的学习兴趣。这些活动形式灵活多变,包括小组讨论、角色扮演、案例分析、团队项目等。通过小组合作学习,学生可以在互动中互相学习、互相帮助,提高团队协作和解决问题的能力。

5. 反馈评学

通过这种方式,翻转课堂实现了课外和课内教学的有机衔接和相互促进。教师可以更好地了解学生的学习需求和困难,及时调整教学策略和方法,提高教学效果;同时也可以帮助学生更好地掌握知识和技能,促进他们的全面发展。

6. 合作共学

首先,教师可以根据学生的特点和需求进行合理的分组,使不同类型的学生能够相互搭配和互相补充。同时,在小组内进行明确的分工,让每位学生都能够承担一定的任务和责任,这样可以培养学生的责任感和团队合作意识。

其次,教师可以通过制定过程监控策略,及时掌握学生的学习情况和进度。通过及时给予指导和帮助,教师可以帮助学生克服困难,提高学习效果。

最后,教师可以通过组织小组内的交流和讨论活动,鼓励学生相互学习和分享经验,促进小组内的共学互助。同时,教师也可以根据学生的学习情况进行评价和反馈,及时表彰优秀的小组和个人,激励更多的学生积极参与小组合作学习和讨论。

7. 竞争检测

在翻转课堂中,学生通过课前观看教学视频和完成预习任务,自主掌握学习进度和节奏,将知识传授过程从课堂转移到了课前。课堂上则主要进行知识内化的过程,包括小组讨论、互动交流、答疑解惑等,以深化学生对知识的理解和应用。

这种教学模式使师生角色发生了显著变化。在翻转课堂中,学生成为学习的主体,积极参与预习、课堂讨论和互动等活动,对自己的学习负责,而教师的角色转变为学生学习的指导者。

此外,翻转课堂重新规划了课堂时间的安排,改变了传统教学模式中以教师讲授为主的策略。在翻转课堂中,课前预习和课堂讨论的时间比例可以根据实际情况灵活调整。课堂上不再是一味地听讲,而是更加注重学生的参与和互动,以便给予学生更多的思考和实践机会。

(二)翻转课堂教学模式的任务

翻转课堂教学的主要任务包括以下几个方面(图6-2)。

1. 系统梳理

在翻转课堂上,教师可以和学生一起回顾本单元的知识点,通过绘制知识图谱或知识树等方式,将知识点进行整理和归类。这样可以帮助学生清晰地理解学科的全貌和知识点之间的联系,形成完整的知识体系。通过建构知识体系,有助于学生更好地理解和应用所学知识,提高学习效果和思维能力。

图 6-2　翻转课堂教学的主要任务

2. 巩固强化

发放学习任务单或导学案是巩固强化学生理解相关知识很好的举措，可以帮助学生更好地理解和掌握学习内容。

学习任务单或导学案是教师根据学生的学习情况和教学目标，结合教学内容和视频内容，精心设计和准备的一种学习材料。它包含了作业题、学习目标、学习内容、学习任务和反馈等内容，可以帮助学生更好地理解和掌握学习内容，提高学习效果。

3. 探究创新

在面对不确定的未来社会时，探究和创新的能力尤为重要，它们是学生适应未来社会和发展的重要保障。探究活动是学生学习和发展的重要组成部分，它可以帮助学生深入理解知识，培养学生的创新思维和解决问题的能力。探究和创新的过程不仅可以帮助学生掌握知识，还可以培养他们的创新意识和能力。

4.拓展加深

在翻转课堂上,教师可以根据学生的学习情况和兴趣,准备有深度的学习内容和问题,引导学有余力的学生进一步探索和挑战。这些问题可以涉及更高级别的概念、原理或技能,旨在提高学生的思维能力和解决问题的能力。

同时,教师可以通过"实时走班"或"及时分组"的教学形式,将不同水平的学生进行合理搭配和组合,以便更好地满足他们的学习需求。这样可以让学生在小组内互相学习和交流,促进知识的共享和提升。

(三)翻转课堂教学模式的模型

概念界定之后,仅能理解课前、课上、课后学习过程中每一阶段的作用以及最终要达到的目标,并没有指出每一阶段明确的活动步骤,为了更好地进行教学环节设计,借鉴经典翻转课堂教学模型,发现、总结共性的活动步骤,为后面教学环节设计提供思路。较典型的教学模型有以下几个。

美国富兰克林学院的罗伯特·塔尔伯特(Robert Talbert)通过任教总结出来的翻转课堂教学模型,主要分为课前和课中两个部分,课前学生通过观看教学视频学习,为有针对性的预习作准备;课上,首先通过快速、少量地评估来检查课前的学习效果,然后解决问题以促进知识的内化,最后总结反馈问题和知识,具体的结构模型示意图如图6-3。

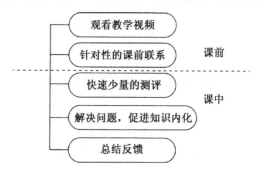

图 6-3 罗伯持·塔尔伯特的翻转课堂教学结构模型 [①]

---

① 蒋辅成.翻转课堂教学模式在高中物理新课教学中的实践研究:以四川省大邑中学为例[D].西南大学,2021.

南京大学研究生张金磊完善了罗伯特·塔尔伯特的结构模型,细化了各个学习环节,将信息技术与活动学习相融合,强调课前与课中之间的交互性以及根据不同的学习内容创建不同的学习环境,进行针对性的教与学。[①] 其中,他着重强调了信息技术因素,指出信息技术的支撑是学习活动顺利进行的重要保证,但此模式要求学生在课上独立探索,对学生的学习能力要求较高,模型结构见图6-4。

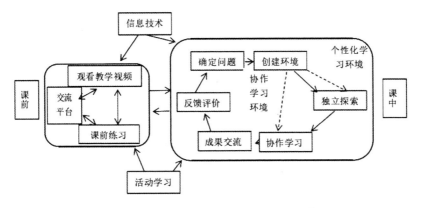

图6-4 翻转课堂教学结构模型[②]

河南师范大学李娟等人利用播客平台资源丰富的特点创设了"基于播客的翻转课堂模式",此种方式打破了学习资源仅限于教师的限制,同时,学生还可以将自己的学习成果上传到播客,具体教学结构模型如图6-5所示。

河北大学的陈洁利用交互白板的记忆存储功能,提出了"基于交互白板的翻转课堂模型",将课堂中学生的学习活动存储下来以方便学生的复习,帮助教师进行教学反思和交流,具体教学结构模型如图6-6所示。

① 张金磊,等.翻转课堂教学模式研究[J].远程教育杂志,2012,211(2):46-51.
② 同上.

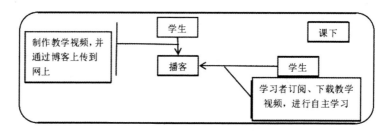

图 6-5 基于播客的"翻转课堂"[①]

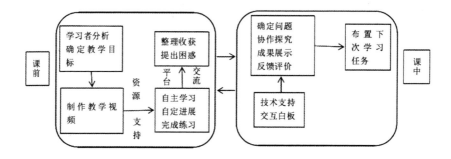

图 6-6 基于交互白板的翻转课堂模型[②]

东北师范大学王红等人,在国内外典型案例的基础上结合国内教学实情,设计了"本土化的翻转课堂教学模型",该模型注重活动细节安排的顺序性以及详尽性,突出了家长的监督作用,从而形成了"学生—家长—教师"三者之间的互动,具体教学结构模型如图 6-7 所示。

天津职业技术师范大学的王彩霞教师和刘光然教授构建了适用于中职教学的翻转课堂教学结构,结构中创造性地设计了"知识补救"环节:一是可以将整理的作品跟同伴分享,二是可以对有困难的学生提供学习资源进行补救学习。结构如图 6-8 所示。

综合以上六种翻转课堂教学模型可以发现,设计具有以下共同点:从教学环节角度,将师生的学习活动主要分成了两个环节,分为课前与课中,课前要确定教学目标,设计学习内容,安排学习任务,学习方式一般通过观看教学视频搭配针对性练习;课中先确定研究问题,然后通过独立探究、小组协作探究等方式解决问题,最后进行成果展示,教师反馈评价。

---

① 李娟,程静飞,程彬.基于播客的课堂教学改革:"翻转课堂"[J].轻工科技,2013,173(4):160-163.
② 陈洁.基于交互白板的翻转课堂教学案例设计[D].河北大学,2013.

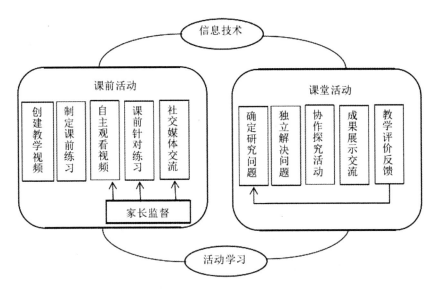

图 6-7　本土化的翻转课堂教学模型[①]

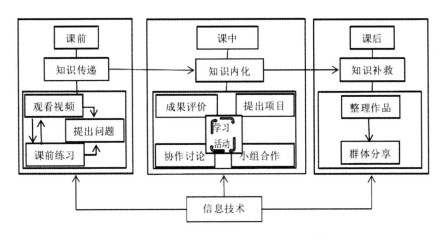

图 6-8　翻转课堂优化教学模型[②]

从师生角色角度,对学生的要求:一是学生是整个学习活动的主体,贯穿课前、课中、课后,充分调动学生的学习积极性,发挥自己的主观能动性,学生要积极主动地求学;二是根据教师提供的材料学生在获得基本知识的基础上进行自主拓展,深入学习。对教师要求:一是教师

① 王红,赵蔚.翻转课堂教学模型的设计[J].现代教育技术,2013,23(8):6.
② 王彩霞,刘光然.翻转课堂优化中职课堂教学探析[J].中职教育,2013(6):41-44.

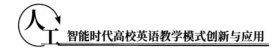

起组织引导作用,要根据课标要求以及学生学情制定学习计划,提供学生需要的学习材料,明确安排学习任务,做到脚踏实地;二是教师要针对学生提出的问题以及疑难及时反馈。

三、翻转课堂教学模式的特征

从翻转类的定义和发展中,可以发现翻转课堂的三个明显特征:一是翻转课堂的教学模式依赖于微视频。微视频意味着所有的教学视频都是简短而全面的。十分钟长的视频符合视觉驻留的规律,让学生专心学习,摆脱传统课堂的弊端。还有一点需要注意的是,视频中看不到数字,让学生专注于板书或 PPT 上的内容。音频和视频的同步有利于学习者在学习过程中融入更多的注意力。二是教学结构重构。传统的教学模式是指派学生在校外阅读教科书和解决问题,同时在课堂上听课和参加考试。翻转课堂在免费上课时间进行自主动手操作,学生通过实践和提问来学习,学生也可以互相帮助,这个过程对高级和低级学习者都有利,让讲座的转变不再是"一刀切",而是为学生自定学习进度。同化和内化是在课堂上通过小组工作、同伴互动和一对一辅导完成的。三是教师角色的转换。翻转课堂把教师从中心位置变成了探索知识的向导。翻转课堂以学生为中心,教师关注学生的问题和学习进度,而不是解释他的讲座和设计活动。在辅导、探索和做实验的过程中,教师是学生的伙伴和伙伴。教师不再只站在讲台上,而是四处在学生中走动,走近学生,了解他们的学习情况,并在学生需要时提供帮助。

（一）教学视频短小精悍

在翻转课堂模式下,教学视频的设计和应用显得尤为重要。这种模式下,教学视频短而精,即视频的时间应尽量简短,控制在十分钟左右。这种短时间的设计有利于学生在短时间内集中注意力,快速吸收视频中的信息。同时,简短的视频也便于学生在课后自主学习,提高学习效率。此外,教学视频的精要简练也是翻转课堂模式下的重要特点。这不仅体现在视频内容的精炼上,还体现在视频制作流程的精减上。视频制作应尽量避免繁琐的流程,提高制作效率,以便教师有更多的时间进行课堂辅导和答疑。

在内容上,教学视频应涉及一个或最多两个知识点。这既保证了视频的针对性和实用性,又使视频内容更加紧凑,易于学生理解和掌握。同时,通过视频教学,教师可以更好地引导学生进行自主学习,培养学生的独立思考和解决问题的能力。在实际应用中,教学视频的设计和应用应与翻转课堂的其他环节相协调,形成一个完整的教学体系。例如,在教学视频制作完成后,教师可以通过线上平台发布视频,学生可以在课前观看,课堂上进行讨论和互动,课后进行复习和巩固。这样教学视频才能真正发挥其在翻转课堂中的作用,提高教学效果。

总体来说,教学视频在翻转课堂模式下的设计应用,应注重短时、精炼、针对性的特点,与翻转课堂的其他环节相协调,形成一个完整的教学体系。只有这样,教学视频才能在翻转课堂中发挥出最大的作用,以提高教学效果。

(二)学习时间自由灵活

在传统的教学模式中,教学进度和教学时间往往受到严格的限制,教师和学生在课堂上的互动和交流也受到时间和空间的限制。然而,随着教育技术的不断发展,翻转课堂作为一种新兴的教学模式,逐渐引起了教育工作者和研究者的关注。翻转课堂是指教师在课前将教学内容以视频、PPT 等形式进行数字化处理,学生需要在课前自主观看这些教学资源,而后在课堂上主要对学些内容进行互动和讨论。

翻转课堂的核心理念是打破传统的时空限制,使教学过程更加自由灵活。教师可以根据学生的学习进度和兴趣,自由地设置教学时间和地点,这使教学过程更加个性化,有利于激发学生的学习兴趣和积极性。同时,翻转课堂也有利于师生间和生生间的互动,教师可以通过网络平台与学生进行实时交流,学生也可以在课堂上与同学进行深入讨论和交流,这有助于提高学生的学习效果和能力。从教育学的角度来看,翻转课堂作为一种新兴的教学模式,其实质上是教育理念的转变和教育方法的改进。传统的教学模式是以教师为中心,学生被动接受知识,而翻转课堂则是以学生为中心,学生主动获取知识。这种教育理念的转变有助于提高学生的学习积极性和主动性,培养学生的创新能力和实践能力。此外,翻转课堂还有利于提高教师的教学能力和教学效果。教师可以通过网络平台收集大量的教学资源,提高教学质量,同时也可以通过网络

平台与学生进行实时交流,了解学生的学习情况,从而调整教学策略,提高教学效果。

(三)学生的个性化发展

通过翻转课堂,教师可以更好地了解学生的学习需求,并根据不同学生的学习能力和知识吸收情况,提供个性化的指导,从而最大限度地帮助所有学生得到全面发展。

首先,翻转课堂有助于提高学生的自主学习能力。在传统的教学模式中,学生通常依赖于教师的课堂讲解来获取知识,然而翻转课堂却将课堂的重心从教师的讲解转向了学生的自主学习。学生可以在课前通过教师发布的学习资料,如视频、PPT、练习题等,来预习课程内容。这样一来,学生在上课时就可以更加主动地参与课堂讨论,提出问题,发表观点,从而提高学习效果。

其次,翻转课堂有助于提高教师的教学效果。通过翻转课堂,教师可以更好地了解学生的学习进度和需求,从而更有针对性地进行教学。教师可以在课前通过观察学生的学习资料,了解学生的学习困难和问题,并在课堂上进行有针对性的讲解和指导。这样一来,教师可以更好地引导学生进行深入学习和思考,从而提高教学效果。

此外,翻转课堂还有助于提高学生的学习兴趣和动力。在传统的教学模式中,学生通常需要等待教师的讲解,而翻转课堂却将课堂的主动权交给了学生。学生可以在课前自主选择学习资料,制定学习计划,从而更加主动地参与到学习中来。这样一来,学生可以更好地体验到学习的乐趣和成就感,从而提高学习兴趣和动力。

总体来说,翻转课堂是一种新型的教学模式,它有助于提高学生的自主学习能力,提高教师的教学效果,激发学生的学习兴趣。然而,它并非适用于所有的教学内容和学科,教师在采用翻转课堂时,需要根据课程的特性和学生的需求,进行有针对性的调整和优化。

第二节　翻转课堂教学模式的理论依据

一、建构主义理论

建构主义理论代表人物是近代著名的瑞士心理学家皮亚杰（Jean Piaget, 1896—1980）和苏联建国时期卓越的心理学家维果斯基（Lev Vygotsky, 1896—1934）。建构主义强调知识的主动获取以及新旧经验的内在关联，学习者的学习不是被动的，更不是不加修饰的知识搬运。[①]"建构主义强调，教师要为学生提供自学资源，由学生自主探究获取新知，并建立新旧知识经验的内在关联，获取更完善的知识体系。通过合作学习，引导学生提高自身提取知识的灵活性和解决实际问题的能力。"[②]教师要善于将学生已有的知识作为切入点，这样不仅能够帮助学生在自己已有的学习水平基础上主动地建构新知，还可以激发学生学习的兴趣。建构主义学习观强调教师不能将提前设定好的知识内容直接传授给学生，使学生成为承载知识的容器，因为这样忽视了学生建构知识能力的培养。

"翻转课堂"和建构主义思想充分吻合，注重以学生为中心，强调合作学习，强调学生学习经验的重要性，是"翻转课堂"的基本特征。它主张引导学生有针对性地完成学习任务，掌握新知识。课堂学习也是基于教师对学生课前学习成效的考查结果而进行的。这些思想与建构主义学习观和学生观的思想不谋而合。

---

① 余胜泉，杨晓娟，何克抗.基于建构主义的教学设计模式[J].电化教育研究，2000（3）：7-13.
② 何克抗.建构主义信息技术革新高校教学的理论基础[R].1997年香港"教学技能与教学技术学术会议"特邀报告.

二、人本主义学习理论

人本主义心理学学习理论的代表人物是美国著名的心理学家罗杰斯（Carl Rogers，1902—1987）和美国社会心理学家马斯洛（Abraham H. Maslow，1908—1970）。此理论认为决定个人行为的决定性因素是人的自我实现，它强调人的尊严、兴趣、本性以及理想等个人需求会促使个人为了实现目标而不断创造。[①]罗杰斯认为认知心理学虽然重视对知识结构的学习，却忽视了个人情感、态度以及需求对于学习的影响。他强调学习要建立在学生的学习兴趣的基础之上。马斯洛提出了需要层次理论，此理论强调学习行为的发起源于个人对自身生理、安全、归属感与爱以及尊重和自我实现的进阶式的需求，人的学习动机来源于激发自身潜能的内在需要。因此，他强调教育者要善于发现学生学习的内在需要，提高学生学习的动力。虽然人本主义学习理论低估了教师的主导作用，但是它所强调的以学生为中心、关注学生的内在需求等理论观点，仍值得现代教育学习研讨。

"翻转课堂"强调的以学生为中心，与人本主义学习理论强调的以人为本，都突出了学生为主体的重要性。"翻转课堂"的教学不是单纯的知识传授，而是学生基于学习目标主动吸收学习内容。知识内容通常是以课堂问题方式展开，课堂问题是教师在学生的学习反馈的基础上提出的，能反映学生的学习水平和学生的学习方式。因此，学生会围绕课堂问题展开积极思考和热烈讨论，进而满足自身获取新知识和获得同学尊重的需求。在这个过程中，教师是主导者和参与者，不仅能确保学习的效率，还能保证问题研究的方向。因此，教师主导和学生主体得到了很好的体现。

三、最近发展区理论

最近发展区理论的代表人物是苏联建国时期的卓越的心理学家维果斯基。维果斯基提出的最近发展区理论认为，个人存在两种发展水

---

① 陆道坤.课程思政推行中若干核心问题及解决思路：基于专业课程思政的探讨[J].思想理论教育，2018（3）：64-69.

平：其一是本身具有的解决问题的水平，其二是在外力帮助下达到的水平。其中的水平之差就是学生的最近发展区。[①] 要想使学生得到进一步的学习，需要在了解学生本身能力的基础之上，帮助学生完成更高水平知识的内化。该理论认为每位学生都具有发展的可能性和差异性，只有尊重学生的差异性，合理引导，才能促进学生更好地发展。

"翻转课堂"课前学习任务的布置以及课程资源的选择是建立在学生的学习水平之上的。对于学科的基础知识，学生往往通过自主学习自主掌握。在自主学习中遇到问题时，学生可以随时寻求同学和教师的帮助，或者在课前反馈中提出。在此阶段，每位同学都可以基于自己的学习经验获取新的知识。课堂教学中学习问题的难度系数会逐渐提升，通过教师的引导和学生之间的答疑解惑，学生在课堂学习阶段可以促使自身的学习能力得到循序渐进的提升。

第三节　高校英语教学中翻转课堂模式的应用

一、高校英语翻转课堂教学环节设计

结合学生的学习现状及学习环境，翻转课堂教学环节设计分为三大模块：课前、课上与课后。

（一）课前环节设计

课前活动是教学进行的基础，教师充分的准备与恰当的引导可以帮助学生快速进入学习状态，使学生的学、教师的教达到事半功倍的效果。

---

① 赵玉青，王新辉.最近发展区理论在自主学习中的应用[J].重庆科技学院学报（社会科学版），2008（9）：191-192.

1. 教学分析

分析内容包括：课标要求、学生学情、教材内容，教学目标及教学重难点。这是整堂课的前提与基础，最终目的是在全面了解内容后思考教学内容如何设计，引导学生主动学习；根据"最近发展区原则"，知道学生现在的知识水平、科学思维、各方面的能力是何等水平，学生经过学习之后应该达到什么水平。

2. 设计学习任务单

针对课前学习现状调查结果中"学生对学习目标、重难点的掌握情况有待提升，课前学习不够系统，缺乏逻辑性，仅安排口头作业不上升到书面作业，部分自制力差的同学将放弃学习"，课上以"陈述性知识"掌握为主等问题，为了满足学生学习要有指向性、系统性、逻辑性的要求，课上应有更多的时间思考问题、解决问题，学习程序性知识，提高学习能力，课前学习引入学习任务单，通过任务单引导学生进行课前学习。

学习任务单设计主要分为五部分。

（1）课题名。知道学习主题及学习范围。

（2）学习目标。针对课前学习"学生学习目标、重难点掌握不清晰"的问题，明确指出本节学习目标，使学生学习具有目标性与导向性。

（3）学习内容。引导学生成为课前学习的主体，设计应遵循以下要求：①内容设计与课本内容相一致，与学习目标相对应，让学生学习方向清晰，而不是漫无目的地寻找学习内容，遵循教学设计要科学性与思想性相统一原则；②内容难度适中，以概念性知识与规律性知识为主，辅以探究性知识进行学习，解决课上学习中"学生知识掌握停留在概念层面"的问题，遵循教学设计中的发展性原则与因材施教原则；③内容设计要丰富，避免单纯的概念或问题，要创设有趣的问题情境，启发学生思考问题，解决课上"学习兴趣低"等问题，遵循教学设计中的启发性原则；④问题的提出要与生活紧密相连，缓解"迁移与应用能力低"的问题，遵循教学设计中的理论联系实际原则。

（4）知识梳理，对学习知识有全局把握。

（5）疑难问题。反馈学习过程中的疑难点，记录自学知识存疑的内容以及学习过程中遇到的困难,养成做随笔的好习惯。

3.安排学习任务

明确安排学生学习任务以及要达到的程度。

4.回收学习任务单,总结学生学习问题

回收学习任务单,及时检查学生课前学习完成情况;检测学生学习情况,汇总学生课前问题,着重检查学生对思考性问题的解答;了解学生课前知识掌握水平,及时调整课堂学习,对学习效果不理想的学生进行辅导。

5.二次备课,调整教学设计

总结学生个性与共性学习问题,重新调整教学细节与教学流程,确定教学方式及方法。

(二)课上教学设计

课上学习是对学习知识的二次深化,根据课上学习中"对传授知识的学习方式""课上学习时间分配"的调查结果表明,学生的主观能动性没有得到充分发挥,但根据"翻转课堂模式学习意向"结果表明,学生有讲授、交流知识的想法,但不具备完全主导课堂的能力,且指出教学重难点仍要求教师讲解。因此,为了使学习更具有指向性,教学目标、教学重难点更容易被学生理解,教师仍占主导,但要求教师的主要作用是组织引导作用,即给学生创造主动学习的空间与机会。

从实际教学中观察发现,通过创设有趣的情境,以问题引导学习的方式更能调动学生的学习,启发学生思考,激发学生的表达意识,积极参与到学习中,而此特点恰好与情境—问题模式理念相一致。因此,教学过程中除了小组合作学习与自主学习以外,辅以情境—问题模式引导学生进行主动的探究学习,设计充分遵循了金字塔学习理论中主动学习的具体活动要求。情境—问题教学模式过程一般为设置情境、提出问

题、解决问题、知识应用、教师启发引导、矫正解惑、学生质疑提问、合作探究学习。

因此,课上教学环节大致可以分五步:一、课前学习反馈,总结归纳学习问题。陈述学生的共性问题与个性问题,以问题展开接下来的学习,使教学更有针对性;二、创设问题情境,探究问题。将学生问题放入具体情境中,引导学生思考讨论,解决问题;三、展示成果。学生思考出解决方案之后,表达自己的解决方案,彼此之间交流,互相借鉴;四、知识总结。总结解决问题的思路,总结规律;五、知识应用。主要通过典型案例练习对知识应用,对所学知识进行梳理,同时检测学生对知识的内化程度。

（三）课后环节设计

课后环节的学习是对课前、课上学习的总结与提升,主要分为三部分:总结与反思、任务安排与完成、交流与反馈。

一、总结与反思,教师与学生分别反思总结。通过此环节,教师反思自己教学过程中的具体问题以及指导教师给的反馈,思考如何解决问题才能更进一步,为下一次更好地教学做准备;学生课后及时总结,查缺补漏,及时与教师沟通,解决问题,帮助学生养成良好的学习习惯;二、任务安排与完成,主要以习题练习为主,辅以活动。目的是知识的巩固迁移与应用。根据课后现状"学生对作业的未完成原因"的分析及建议,要求教师的作业安排应具有针对性,减少同一类型的题目大量安排,题目的设置要有难度等级,循序渐进,满足学习能力不同的学生的要求,避免过多综合与抽象的问题,可以在最后设置一道挑战题,引起学生的学习兴趣;三、交流与反馈,目的是及时了解学生的学习情况,要求学生的学习反馈不局限于课后作业,还包括课上状态、学习任务单的完成情况,以及学生之间的评价。

教学环节设计如图 6-9 所示。

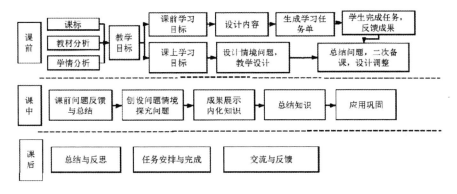

图 6-9　教学环节

二、高校英语翻转课堂的教学步骤

（一）课前准备阶段

1.教师活动

（1）分析教学目标

在翻转课堂中,教学目标的明确非常重要。教师可以根据学生的实际情况和教学目标,结合教学内容和视频内容,安排布置具体的学习任务和作业,以帮助学生更好地理解和掌握学习内容。同时,教师还可以根据学生的学习情况及时调整教学策略和方法,以提高学生的学习效果。

（2）制作教学视频

第一,确定教学目标。在制作教学视频之前,需要明确每一节课或每一单元的教学目标,确保视频内容与教学目标相符合。

第二,做好视频录制。录制教学视频时,需要注意以下几点。

内容要简洁明了。录制视频时要确保内容简洁明了,重点突出,避免冗长和无关的内容。

讲解要生动有趣。讲解时要注意语速适中,语言生动有趣,尽可能地吸引学生的注意力。

演示要清晰明了。演示操作时要清晰明了,注意细节,确保学生能够清楚地了解操作流程。

第三,做好视频编辑。在录制好视频后,需要进行剪辑和编辑,确保视频的质量和效果。教师可以利用视频编辑软件进行剪辑和编辑,包括剪辑掉冗余的部分、加入字幕、调整音量等。

第四,做好视频发布。在完成视频制作后,需要将视频发布到学生可以访问的地方,以便学生观看。教师可以将视频上传到学校网站、班级群等地方,也可以将视频刻录成光盘或 U 盘发放给学生。

2. 学生活动

(1)观看教学视频

教师制作教学视频可以帮助学生更方便地进行学习。对于学习进度快的学生,他们可以快速地观看视频;而对于学习进度慢的学生,可以根据自己的实际情况让视频停顿,以便更好地理解和掌握知识。

(2)做适量练习

学生观看完教学视频后,需要完成教师布置的针对性课堂练习,以便更好地调整学习策略和方法。这些练习可以是针对视频中所学知识的巩固和提高,也可以是引导学生从旧知识向新知识过渡。通过完成练习,学生可以加深对视频内容的理解和掌握,同时也可以发现自己的不足之处,以便及时进行弥补和提高。

(二)课中教学活动设计阶段

1. 确定问题,交流解疑

在开始阶段,教师需要针对学生观看的视频和通过网络交流平台反映出来的问题进行解答和引导,这有助于及时解决学生在学习过程中遇到的问题,帮助他们更好地理解和掌握知识。

学生通过观看教学视频,可以自主安排学习时间和地点,根据自己的学习节奏和方式进行学习,这样可以提高学生的学习积极性和自主性。同时,学生在观看视频的过程中,可以随时暂停、重播或做笔记,以便更好地理解和记忆知识。

通过网络交流平台,学生可以与教师和同学进行探讨和交流,这有助于促进他们思维能力和合作学习能力的发展。学生可以提出自己的疑惑之处,与他人进行讨论和交流,这样可以激发他们的学习兴趣和热情,同时也可以帮助他们更好地理解和掌握知识。此外,学生还可以通过交流平台与同学进行合作学习,共同解决问题,提高学习效果。

2. 独立探索,完成作业

独立学习的能力无疑是现代社会中一项至关重要的能力。具备这种能力的学生能够更好地适应不同的学习环境和任务要求,更加主动地掌控自己的学习进程,从而取得更好的学习效果。翻转课堂作为一种现代化的教学模式,其重要特点就是为学生提供了个性化的学习环境。在这样的环境中,学生能够根据自己的学习节奏、风格和兴趣进行学习,从而更好地培养和提升他们独立学习的能力。

在翻转课堂中,学生需要独立完成教师布置的作业。这可以促使学生进行自主思考、自我管理、自我决策等,从而进一步促进他们自主学习能力的发展。通过这种方式,学生不仅能够获取知识,更重要的是能够掌握如何学习的能力,这是他们终身学习和未来发展的重要基础。

在独立完成作业的过程中,学生需要审视自己理解知识的角度,建构自己的知识结构,完成知识的进一步学习。这不仅需要学生具备一定的自我认知和知识管理能力,还需要他们能够自主地规划学习路径、安排学习时间、整理学习笔记等。这些都是独立学习能力的核心要素,对于学生的自我发展和成长至关重要。

通过逐渐积累独立学习的经验,学生可以在独立学习中构建自己的知识体系。这是一个从被动学习到主动学习的转变,也是学生逐渐成为自我学习的主人的过程。这样的经验不仅有助于学生在学校的学习,也将对他们的一生发展产生深远影响。

3. 合作交流,深度内化

在翻转课堂中,学生通常被分成小组进行合作学习,这种小组形式有助于学生之间的交流和互动。通过独立探索阶段的学习,学生可以与同伴分享自己对知识的理解,这种合作学习方式可以实现交往学习,让学生在与他人的对话、交流、讨论等学习活动中开展学习过程。

这种合作学习方式有很多益处。

首先,它可以促进学生的交往能力、合作能力和自我认知的发展。在小组合作中,学生需要学会与他人交流、讨论、协商和解决问题,这可以锻炼他们的沟通能力和合作技巧。同时,通过与他人的互动和交流,学生可以更好地认识自己,了解自己的优点和不足,从而促进自我认知的发展。

其次,它可以帮助学生更好地理解和掌握知识。在小组讨论中,学生可以就自己不懂的问题向同伴请教,同时也可以帮助其他同学解决问题。这种互相帮助、互相学习的过程可以加深学生对知识的理解和记忆,从而提高学习效果。

此外,它还可以培养学生的创新思维和批判性思维。在小组讨论中,学生需要对问题进行深入的思考和分析,提出自己的观点和见解,同时也要对他人的观点进行评判。这种思维过程可以帮助学生发展自己的创新思维和批判性思维,提高自己解决问题的能力。

4. 成果展示,分享交流

在翻转课堂教学模式下,学生在经过独立探索和合作交流后,通常会完成个人或小组的成果。这些成果可以以多种形式进行展示和交流,如报告会、展示会、辩论赛或小型比赛等。在这些活动中,学生可以分享自己的学习心得和体会,通过交流,彼此的智慧火花得以碰撞,从而促进更深层次的学习和理解。

在交流中,学生可以学习到其他学生或小组的优点和长处,明确自己的优势与不足。这种互相学习和借鉴的过程可以帮助学生更好地认识自己,发现自己的潜能,同时也可以促进他们的自我反思和自我管理能力的发展。

此外,通过展示自己的成果和听取他人的展示,学生可以锻炼自己的表达和沟通能力。他们要清晰地阐述自己的观点和想法,同时也要学会倾听他人的观点和意见。

第七章

人工智能时代高校英语教学的
创新模式——智慧课堂

　　随着科技的发展,智慧课堂教学逐渐成为教育领域的一大趋势,尤其是在高校英语教学中,其重要性愈发凸显。智慧课堂教学不仅能够有效地提高教学质量,提升学生的英语水平,还能够为教师提供丰富的教学资源,实现个性化教学。本章就具体分析人工智能时代高校英语教学的创新模式——智慧课堂。

第一节　智慧课堂的内涵与特征

一、智慧课堂的内涵

随着信息化时代化的发展以及在教育事业方面的应用,智慧课堂的建设成为教育改革的关键抓手。随着时间不断推移,智慧课堂的发展越来越趋于完善,在这个过程中,关于智慧课堂的概念也如雨后春笋般涌现。对此,了解已有的智慧课堂的概念与发展历程,厘清智慧课堂的本质,有利于进一步地深入研究。

"智慧"一词的含义有多种解释,在古希腊文中有"爱智慧"之意,但在西方的哲学思想有"知识论",但无"智慧论"。站在狭义的层面上进行分析可知,智慧指代生物不同于没有生命的物质所具有的综合能力,这种能力的实现必须基于神经器官,这些能力包括了记忆、理解、感知、知识等。在智慧的作用之下,生物体能够对事物以及相关规律有准确的认识,能够通过自己的观察和分析追寻真理。

课堂是学生学习的场所,是教书育人的主渠道。"课堂教学对于达到立德树人的目标而言非常重要,学生在课堂上不仅会学习理论知识,也是形成世界观和价值观的过程。"①可以分为三种理解:一是可以狭义地理解为教室;二是能够让学生和教师进行交流的空间;三是教学活动和教学目标有机结合的环境。

我国研究人员围绕智慧课堂的内涵从不同角度有不同的理解:从教育学角度可以理解为提升学生教学主体意识的课堂;从信息化角度可以理解为基于互联网、大数据和人工智能的"智慧化"课堂。和传统的课堂进行比较而言,智慧课堂顾名思义在智能化方面更加先进,在教育理念上也有很大程度的创新,通过打造智慧课堂有助于提高学生的核心素养。"在智慧课堂上,教师通过使用大数据以及人工智能等相关的

---

① 周荣华,王九红.智慧课堂:师生诗意的栖居[J].江苏教育,2007(02):48-49.

技术构建'云—台—端'整体架构,为学生的自主学习提供保障和支持,创设智能化学习环境,让课堂的场景更加丰富和多元化,学生可以在虚拟现实一体化的全场景中进行学习。"[1]

21世纪初的时候,人们逐渐注意到,教育若单纯地传授知识已经无法满足需求,人们逐渐认识到素质教育的重要性,"通过新课程改革建立智慧课堂来加强对孩子们智慧的开发"。[2] "虽然智慧课堂的倡导已经有很多年了,但其真正得以高速发展和信息化教学改革脱不开关系,物联网和大数据等'智慧'科技被广泛运用在教学过程中。"[3] 教育也顺应潮流逐渐步入信息时代,从智慧课堂的提出到其高速发展的过程可以将其划分为三个时期:第一,初步探索时期。从2008年开始,IBM就开始提出"智慧地球"一说,使教育界中开始广为流传"智慧"概念一词,且在2011年前后上海市虹口区试用的电子书包项目中,最早开始使用"智慧课堂"一词。随着智慧一词在教育中的广泛应用,2013年,陆续出现智慧课堂、智慧学习、智慧教室的说法,2015年最早对智慧课堂定义的刘邦奇,认为智慧课堂就是运用各种信息科技来改造教学环境。第二,建设推广时期。基于各类智慧教室建设,一些学校将微课资源融入智慧课堂教学,开启智慧课堂全面应用于各个学科,并结合各类学科研究智慧课堂教学方式。第三,创新发展时期。时代在进步,教育信息化已经到2.0时代,人工智能、互联网大数据为信息化课堂添光溢彩,提升课堂教学的互动能力,提升课堂教学智能化水平。预示着新一代智慧课堂应运而生。

著者认为,智慧课堂强调课堂教学要坚持"以教师为主导,以学生为主体",要坚持好课堂的本质,即教书育人的功能。运用互联网、大数据以及云计算等各种科学技术,使智慧课堂教学比传统课堂教学更加智能化、科学化、标准化、功能化,能按照"整体规划,分步实施,统筹协调,分工协作"的原则,在课堂内外为教育者和受教育者提供帮助,从而使传统课堂中的很多问题被有效处理和解决。另外,这一新型课堂针对不同专业、不同学科和不同课程的需求,实现提升人才培养质量为核心的

---

① 吴晓如,刘邦奇,袁婷婷.新一代智慧课堂:概念、平台及体系架构[J].中国电化教育,2019(03):81-88.
② 成尚荣.为智慧的生长而教[J].今日教育,2009(01):52-54.
③ 邱艺,谢幼如,李世杰,等.走向智慧时代的课堂变革[J].电化教育研究,2018,39(07):70-76.

教育教学改革。

二、智慧课堂的特征

智慧课堂教学是一种以学习者为中心,遵循人的认知发展规律,基于学生个体差异按需开展教学,提供个性化的学习诊断、学习资源与学习支持服务的教育形态。智慧课堂教学形态具有育人为本、场景感知、数据驱动、人机协同等关键特征。

（一）育人为本是智慧课堂教学最根本的理念特征

智慧课堂教学是一种新兴的教育模式,它强调以学习者为中心,充分尊重和理解学生的个性差异。这种教育模式认为,每位学生都是独一无二的,他们拥有自己的学习需求、兴趣和潜能。因此,智慧课堂教学致力于提供个性化的学习支持服务,帮助学生找到适合自己的学习方法和路径,以实现高效的学习效果。

在智慧课堂教学中,智能技术发挥着至关重要的作用。通过运用大数据、人工智能等先进技术,教育者可以对学生的学习情况进行全面、深入的诊断。这不仅有助于发现学生的优势和不足,还可以为每位学生量身定制学习资源和支持服务。这样一来,教育者就能真正做到因材施教,使每位学生都能在适合自己的领域内得到充分的发展。

此外,智慧课堂教学还应注重培养学生的创新能力、批判性思维和实践能力。在这种教育模式下,学生不仅能够掌握丰富的知识,还能学会如何运用这些知识解决实际问题。这有助于培养出具备创新精神和实践能力的人才,为我国的发展注入新的活力。

我国政府高度重视智慧课堂教学的发展,不断出台相关政策举措,推动教育信息化建设的顺利进行。例如,推动"宽带校园"建设,提升学校网络基础设施水平;开展"互联网+"教育创新试点,鼓励学校利用互联网技术改革教育教学;加大对教育信息化设备的投入,为学校提供先进的教育技术支持。

（二）场景感知是智慧课堂教学最基本的功能特征

智慧课堂教学通过运用各种传感器和数字技术，对学习环境和学习者自身进行深度感知和智能调控，以实现个性化、智能化的教育教学。

首先，智慧课堂教学利用物理信息传感器、射频识别技术、全球定位系统等先进技术，对学习环境的物理特性进行实时监测和分析。这包括温度、湿度、亮度、嘈杂度等环境因素，这些因素都会影响到学生的学习效果。一旦环境参数超出预设范围，系统将自动启动调节设备，如空调、灯光等，为学生营造出一个舒适、适宜的学习环境。

其次，智慧课堂教学还关注学生的内在学习状态。通过高清摄像头、可穿戴设备、数字坐垫等设备，智慧课堂教学可以实时捕捉学生的状态特征信息，如表情、姿势、心率等。这些数据将为教师提供重要参考，帮助他们更好地了解学生的学习状态，从而针对性地调整教学策略，提高教学效果。

此外，智慧课堂教学还具备数据分析功能。通过对海量数据的挖掘和分析，教师可以深入了解学生的学习习惯、兴趣爱好、学术成就等，为学生提供个性化的学习路径和资源推荐。这不仅有助于激发学生的学习兴趣，还能有效提升学生的学习自主性和成效。

在我国，智慧课堂教学的发展已经取得了显著成果。不论是在课堂教育中，还是在在线教育领域，智慧课堂教学都展现出巨大的潜力和价值。它不仅有助于提高教育教学质量，还能为我国培养出更多具备创新精神和实践能力的人才。

（三）数据驱动是智慧课堂教学最核心的技术特征

智慧课堂教学的核心理念是"数据驱动"。这意味着我们需要借助各类设备与系统，采集教师、学生与学习环境中的全息数据。这些数据包括但不限于学生的学习行为、学习成绩、兴趣爱好、社交互动等，以及教师的教学方法、授课风格、教学成果等。通过对这些数据的挖掘和分析，我们可以构建出各教育主体的画像，深入了解校园的日常管理情况、学生的行为习惯与学习偏好、教师的授课风格与教学成效等。

数据驱动的智慧课堂教学具有以下几个特点。

（1）个性化教学。通过对学生学习数据的分析，教师可以更好地了解学生的学习需求，为学生提供个性化的教学方案。这有助于提高学生的学习兴趣和成效，实现教育公平。

（2）精准评估。借助大数据技术，教育工作者可以全面了解学生的学习进度、成果和薄弱环节，从而实现精准评估。这有助于及时调整教学策略，提高教学质量。

（3）优化管理。通过对校园管理数据的分析，教育部门可以深入了解学校的运行状况，为学校提供有针对性的管理建议。这有助于提高学校的管理水平，营造良好的教育环境。

（4）智能辅导。智能教育系统可以根据学生的学习需求，为学生提供实时的辅导和建议。这有助于学生在学习过程中克服困难，提高自己的学习效果。

（5）科研支持。教育科研机构可以利用大数据技术，对教育教学现象进行深入研究，为教育改革和发展提供科学依据。

（6）高效服务。通过对教育服务数据的挖掘和分析，教育部门可以更深入地了解社会需求，为学生和教师提供高效、优质的服务。

总之，智慧课堂教学以数据驱动为核心，致力于实现教育教学的个性化、精准化和智能化。在我国教育部门的积极推动下，智慧课堂教学的发展将不断深化，为提高我国教育质量、促进教育公平和培养创新型人才奠定坚实基础。

（四）人机协同是智慧课堂教学最重要的模式特征

随着人工智能技术的迅猛发展，各类终端设备的智能水平不断提高，这不仅为人类带来了极大的便利，还极大地提高了工作效率。如今，人工智能已成为生活中不可或缺的一部分，它在教育领域的应用也日益广泛。人工智能与教师互补融合的协同工作方式已经成为智慧课堂教学的主要模式。

在这一模式下，机器可以完成诸多基础性、重复性和高计算量的工作，如数据统计与分析、学生学情反馈、低阶思维知识传授以及个性化资源推送等。这些功能不仅减轻了教师的工作负担，还为教育教学提供了更为丰富的资源和更为高效的方式。然而，机器无法完全替代人类教师,因为教师具有独特的思维能力和社会属性。

在学生的高阶思维能力培养方面,人类教师具有不可替代的作用。高阶思维能力是指超越基本知识技能的深层次思维,包括批判性思维、创新性思维和辩证性思维等。这种能力对于学生的综合素质和未来发展至关重要。人类教师通过启发式、探究式和讨论式的教学方法,引导学生发展高阶思维,而这是目前人工智能难以实现的。

此外,在非智力因素培养方面,人类教师也具有显著优势。非智力因素是指除智力因素之外的影响学生学习成绩和发展的因素,如情感、态度、动机等。人类教师具有丰富的情感和同理心,能够关注学生的个体差异,发现并解决学生在学习和生活中遇到的困难,而人工智能在这方面的能力相对有限,它无法像人类教师那样真正走进学生的内心世界,为学生提供心灵关怀。

第二节　智慧课堂的理论依据

一、行为主义学习理论

行为主义学习理论在 20 世纪初开始盛行,通过观察和研究人类的行为,得出结论认为学习是建立在刺激与反应之间的联结和联想,而强化是促进这种联结的重要手段。行为主义学习理论强调了外部环境对学习的影响,并认为学习可以通过反复的刺激和反应来形成,代表人物包括巴甫洛夫、华生、桑代克、斯金纳和班杜拉等,他们都提出了各自的行为主义学习理论。

(一)巴甫洛夫的经典条件反射理论

巴甫洛夫的经典条件反射理论是一种心理学理论,指的是在一定条件下,外界刺激与有机体反应之间建立起来的暂时神经联系。这种联系通常是在一个无条件刺激(unconditioned stimulus, UCS)和一个无条件反应(unconditioned response, UCR)之间形成的。例如,在巴甫

洛夫著名的狗唾液条件反射实验中,食物是无条件刺激,而唾液是无条件反应。在反复将食物和铃声等中性刺激(conditioned stimulus, CS)一起呈现之后,狗开始对铃声产生唾液分泌的条件反应(conditioned response, CR),即铃声成为条件刺激。这意味着条件刺激和条件反应之间形成了一种新的暂时神经联系。这种联系通常需要通过强化来巩固,因为条件反射会因得不到无条件刺激强化而消退。然而,如果条件反射消退后,再给予条件刺激,条件反射就可以恢复,这被称为恢复性反应。此外,经典条件反射还具有泛化和分化的特点。泛化是指条件反射可以由与条件刺激相似的刺激引起,分化则是指在条件反射建立的初期,相似刺激能引起条件反射,但随着用无条件刺激对不同刺激进行强化或消退,就会建立起分化条件反射。

经典条件反射理论在心理学和教育领域有广泛的应用。例如,在行为疗法中,经典条件反射理论被用来解释和治疗各种行为问题。此外,经典条件反射理论也用于解释人类情感和认知过程的形成和发展。

(二)华生的行为主义学习理论

华生的行为主义学习理论主要关注的是环境对行为的影响。他主张心理学只应该研究可被客观观察和测量的行为,而不是研究意识等无法直接观察和测量的现象。在华生看来,人类的行为都是由环境中的刺激引发的,而学习就是在这些刺激与个体反应之间建立联结的过程。

华生认为,人类的行为都有一个固定的顺序,这个顺序是由习惯的力量决定的。这些习惯的形成都是由于环境的反复刺激和反应。他强调了环境对儿童发展的重要作用,认为儿童在成长过程中会逐渐形成各种习惯系统,这些习惯系统会影响他们以后的行为和反应。

华生还提出了"刺激—反应"的公式,即 S-R(Stimulus-Response)。在这个公式中,S 代表刺激,R 代表反应,也就是一个刺激引发的一个反应。他认为,人类的行为就是这样被环境和刺激所决定的。

总体来说,华生的行为主义学习理论强调了环境对学习的重要性,认为学习是通过反复的刺激和反应而建立的联结和习惯。这种理论对于现代心理学和教育实践都有重要的影响。

（三）斯金纳的操作性条件反射理论

斯金纳的操作性条件反射理论是一种心理学理论，认为行为是环境刺激和个体反应之间相互作用的结果。这种理论强调了环境对行为的影响，认为行为的发生和改变都是强化（奖励或惩罚）的结果。

斯金纳认为，所有的行为都可以分为两类：应答性行为和操作性行为。应答性行为是由已知的刺激引起的，而操作性行为是由有机体自身发出的。

他把条件反射也分为两类：经典性条件反射和操作性条件反射。操作性条件反射是斯金纳操作主义学习理论的核心。他认为，行为的发生是由环境刺激和个体反应之间的相互作用决定的，当一个行为得到奖励或惩罚时，该行为在未来的发生概率会增加或减少。这就是强化理论的核心概念。

强化理论认为，任何学习（行为）的发生、变化都是强化的结果。强化可以分为正强化和负强化。正强化是指呈现某事物，增加某种刺激，导致有机体行为表现反应概率增加，刺激的作用就是正强化。负强化是指某种刺激在有机体做出一个操作反应后消失，反应概率增加，该刺激产生的作用就是负强化。

斯金纳的操作性条件反射理论对教育实践产生了深远的影响。教师可以利用操作性条件反射的原理来帮助学生形成良好的习惯和行为。例如，正强化可以用来增加学生做好事的频率，负强化可以用来减少学生不良行为的发生。同时，教师还可以通过调整奖励和惩罚的方式来帮助学生建立正确的价值观和道德观念。

然而，斯金纳的操作性条件反射理论也存在一些局限性。例如，该理论过于强调环境对行为的决定性作用，忽视了人类主观能动性的重要性。此外，该理论难以解释一些复杂的人类行为和社会现象，如情感、意志、人际交往等。因此，在教育实践中应用操作性条件反射理论时需要结合实际情况进行灵活运用。

二、建构主义学习理论

建构主义学习理论是认知心理学派中的一个分支,主要代表人物有皮亚杰、科恩伯格、斯滕伯格等。该理论认为学习是引导学生从原有经验出发,生长(建构)起新的经验。认为学习是一个主动的、社会性的、情境性和真实性的过程,它强调了学习者的主体地位和主动性,同时也重视了社会互动和情境的重要性。

(一)建构主义学习理论的基本观点

建构主义学习理论是一种关于知识和学习的理论,强调了学习者在知识建构过程中的主动性和建构性。以下是建构主义学习理论的主要观点。

1.学习是学习者进行知识结构建构的过程

这是建构主义学习理论的一个核心观点。学习者不是被动地接受知识,而是主动地参与知识的建构过程。他们借助已有的经验和知识,与外界环境进行相互作用,通过探究、思考、交流和实践等方式,对新知识和信息进行解读、分析和整合,从而构建起自己新的理解和知识结构。

2.学习者需要进行合作学习

建构主义学习理论指出,在学习过程中,由于个体差异和经验背景的独特性,学习者对同一事物的理解存在差异,进而构建的知识结构也有所不同。因此,学习者需要开展适当的协作学习,让自己对事物的认识达到全面、丰富和深入的程度。

合作学习是一种以小组为单位的学习方式,学习者通过与同伴的交流、讨论和合作,共同探究问题、解决问题和建构知识。在合作学习中,学习者可以分享自己的观点和经验,听取他人的意见和建议,从而对问题进行更全面、深入的理解。同时,合作学习还可以促进学习者之间的互动和合作,培养他们的合作精神和沟通能力。

建构主义学习理论认为,合作学习对于促进学习者对事物的全面理解具有重要作用。通过与同伴的交流和合作,学习者可以了解到不同的观点和思路,从而拓宽自己的视野和思维。同时,合作学习还可以帮助学习者对新知识进行更深入的解读和分析,促进他们的知识建构和理解。

3. 教师是学生学习的合作者和促进者

建构主义学习理论主张,教师在学生学习过程中应扮演合作者与促进者的角色,其核心价值在于激发学生以探究、主动、合作的方式开展学习。为实现此目标,教师需要为学生提供真实且具有一定复杂度的问题,并鼓励他们从多角度、运用多样化方法加以解决。同时,教师还需要积极营造优质的学习环境,以便学生能更高效、科学地构建知识体系。

首先,提供真实且较为复杂的问题是建构主义学习理论中教师的重要任务之一。真实的问题能够帮助学生更好地理解知识,并将所学知识应用到实际生活中。同时,复杂的问题可以激发学生的探究欲望和学习兴趣,促进他们进行深度思考和知识建构。因此,教师需要关注问题的选择和设计,确保问题具有针对性和启发性,能够引导学生进行深入思考和理解。

其次,教师需要为学生创设良好的学习环境,包括物质环境和心理环境两个方面。物质环境指的是学习场所、学习资源和学习工具等,教师需要为学生提供宽敞、明亮、设施完备的教室和学习资源,以及必要的学习工具和设备。心理环境指的是学习氛围和学习动机等,教师需要关注学生的学习需求和心理状态,营造积极向上的学习氛围,激发学生的学习动机和兴趣,帮助他们更好地进行知识建构。

总之,建构主义学习理论强调了教师在学生学习过程中的重要性和角色定位。教师需要为学生提供真实且较为复杂的问题,创设良好的学习环境,并成为学生学习的合作者和促进者。只有这样,才能更好地激发学生的探究欲望和学习兴趣,帮助他们进行知识建构和理解。

（二）建构主义学习理论下的教学

在建构主义学习理论的指导下,现阶段已研发出一系列教学策略,其中包括支架式教学、随机进入教学及抛锚式教学等,其中支架式教学的影响力度尤为突出。支架式教学作为一种深受建构主义学习理论启发的教育模式,其核心理念在于为学生构建概念框架,从而助力他们更好地理解知识。此类教学方式与学生的最近发展区相契合,有助于学生取得优异的发展成果。实施支架式教学时,需遵循特定步骤。以下为支架式教学的具体流程。

1. 搭建概念框架

围绕当前的学习主题和学生的最近发展区的要求,教师需要帮助学生搭建一个概念框架。这个框架可以帮助学生组织和理解所学知识,并引导他们在学习过程中逐步攀升。

2. 构建问题情境

教师需要构建一个问题情境,将学生引入其中,以激发他们的学习兴趣和探究欲望。问题情境应该与学生的学习主题和实际生活密切相关,以便学生能够更好地理解和应用所学知识。

3. 小组协作学习

学生可以在小组中进行协作学习,通过讨论和协商来获得自己对所学概念的准确理解。小组协作学习可以帮助学生互相学习、互相帮助,同时培养学生的合作精神和沟通能力。

4. 学习效果评价

教师需要对学生的学习效果进行评价。评价内容包括学生的自主学习能力、小组协作学习的贡献、意义构建的完成情况等。评价结果可以为学生提供反馈,帮助他们了解自己的学习进展和需要改进的地方。

总之,支架式教学是一种基于建构主义学习理论的教学方法,其核心理念是为学生提供概念框架,以帮助他们建构对知识的理解。通过遵循一定的程序,教师可以帮助学生进行独立探索和小组协作学习,完成意义构建,并对学生的学习效果进行评价。这种教学方法有助于培养学生的自主学习能力和合作精神,提高他们的教学效果和学习效果。

三、多元智能理论

（一）多元智能理论及其评价理念梳理

美国教育心理学家霍华德·加德纳是多元智能理论的提出者。1983 年,加德纳教授作为“人的智力潜能及其开发”研究项目中创造力研究的领导者,通过广泛的心理学研究,提出了一种多元理论思想,该思想旨在了解不同认识类型和能力对于独立个体的认知方式和对世界的理解,证明了人类的思维和认知方式是多样化的。因此,他在同年编写的《智能的结构》中正式提出了多元智能理论。多元智能理论的提出彻底颠覆了传统智力观念,给教育和心理学领域带来了新的思考和探索。在此之后,他又于 1999 年、2006 年编写了《智力的重构》和《多元智能新视野》两本著作,对多元智能理论进行了更为详细的解读。目前,加德纳教授对智能的最新定义为:“智能是一种信息运算能力、是处理某种类型信息的能力、是源自人类生物学和人类心理学的能力。”[1]起初,他认为人的智能包括语言、数理逻辑等 7 种智能,后期随着加德纳教授对多元智能理论进行更深入的研究后,又在《智力的重构》中补充了自然观察和存在智能。对于存在智能,因它只满足 8 个判据中的 7 个判据,因此被称为半个智能[2]。

加德纳主张评价是一个持续发展的过程,既要注重发掘每位学生的

① Howard Gardner. *Multiple Intelligences*: *New Horizons*[M]. New York: Basic Books, 2006: 16.
② 沈致隆. 多元智能理论的产生、发展和前景初探[J]. 江苏教育研究,2009(09): 17-26.

优势智能,也要承认个别差异、倡导真实客观的评价方式。多元智能评价理念具有评价内容、评价主体和评价方式多元化等特点。在对学生进行评价时,应将学生评价与教学相融合,使学生评价置于特定的情境中,通过各种方法和手段,考核学生多种智能的发展情况。教师在教学过程中应对学生的优势和弱势智能进行全方位的观察、评估和分析,以"为多元能力而评"的理念对学生进行多元评价。

(二)智能的具体含义和关系

1.语言智能

语言智能是"对语言文字的理解、掌握和运用能力"[1]。"个体的语言智能与语言学习能力、运用语言实现目标能力以及对口头或书面语言的敏感程度密切相关,对有效地交流和表达思想至关重要。"[2]对普通人而言,语言智能的主要作用包括:解释和说明事物、表达和劝说观点、帮助记忆和理解以及自我辩解和解释。

2.数理逻辑智能

数理逻辑智能是"具备进行数学、逻辑推理以及科学分析问题的能力"[3]。自幼年开始,此智能就不断发展,从幼年时对某些事物临时记忆的联结,到少年后对少数事物的简单估计、对数量关系含义的简单了解,再到青年后可以通过观察事物的本质来进行更深入的计算和领悟等,都体现了数理逻辑智能的存在。

3.空间智能

空间智能是指人类大脑能够建立外部世界模型,并能够利用和操作

① 沈致隆.加德纳·艺术·多元智能[M].北京:北京师范大学出版社,2004:1.
② Howard Gardner. *Intelligence Reframed: Multiple Intelligences for the 21st Century*[M].New York: Basic Books, 1999: 17.
③ Howard Gardner. *Intelligence Reframed: Multiple Intelligences for the 21st Century*[M].New York: Basic Books, 1999: 18.

这个模型的能力。简单来说,就是人类能够理解和利用空间信息的能力。这种能力使人们能够感知和理解周围的环境,同时也能够在其中进行导航、定位、规划和执行各种任务。空间智能与其他智能相比更加抽象,对于此智能有优势的人群,不仅可以熟练使用视觉能力,也可以不借助视觉的帮助,在大脑中进行空间想象和思维建构。

4.音乐智能

音乐智能是指个体对音乐元素的理解和运用能力,是"涉及表演技巧、音乐作品创作和欣赏音乐作品的能力"[1]。音乐智能受遗传因素的影响,有的人从幼儿时期就对音乐有着极高的敏感性,他们可以感受到各种声音和节奏的变化,也可以对其进行模仿;有的人天生五音不全,也不能辨别不同声音之间的细微变化,所以音乐智能有很强的个体差异性。

5.身体运动智能

身体运动智能是指"通过身体运动的方式来表达或实现自己的想法和创意的能力"[2]。此智能主要依赖于身体的协调能力、灵活性和精准性方面的表现。运动员、舞蹈演员、表演艺术家都在身体运动智能方面有较大优势,具体表现在个人对身体的控制和运用能力以及对各种物体的操控能力。

6.人际智能

人际智能是指"个人理解他人意图、想法和动机,从而与他人进行高效协作的能力"[3]。政治家、企业家、心理学家在人际智能方面都具有较大优势。在全球化的时代,人与人之间的联系更加紧密,这种联系可以缩短人与人之间的距离,帮助人们更高效快速地完成工作。因此,人

---

[1]　Howard Gardner. *Intelligence Reframed: Multiple Intelligences for the 21st Century*[M].New York: Basic Books, 1999: 46.

[2]　同上.

[3]　同上.

际智能就显得尤为重要。

7. 自我认识智能

自我认识智能是指个人对自己的能力、知识和观点有清晰的认识，并能够及时地对自己的思想、行为和决策进行评价和反思的能力。"包括自我了解、处理自我欲望、恐惧、能力的方式，并利用这些信息来有效地调整自己行为的能力。"[①] 此智能是个人不断提高的基础，它本质是一种精神上的刺激，在日常的学习和生活过程中，当个人为自己的错误而后悔并决心改正时，就是自我认识智能的有效表现。

8. 自然观察智能

自然观察智能是指个体能够认识和利用自然环境和社会环境的能力。认识自然的前提条件是具有洞察力、探寻力、侦查力等，商人、侦察兵、政治家在自然观察智能方面都具有较大优势，机敏的观察能力是洞悉事物内在联系的首要因素。

9. 存在智能

"存在智能的概念源于人类对于存在问题的思考。这些问题涉及人类自身的本质，例如，生命的意义、死亡的原因、人类的起源、未来的走向、爱情的本质以及战争的原因等方面。这类问题超越了人类感官的限制，无法通过感官来直接感知。"[②]

10. 各智能间的关系阐述

从加德纳教授的众多著作中，我们可以总结出各智能间的关系。第一，就智能的概念和本质而言，各智能之间保持着相对独立的关系，彼

---

① Howard Gardner. *Intelligence Reframed*: *Multiple Intelligences for the 21st Century*[M].New York: Basic Books, 1999: 47.
② Howard Gardner. *Multiple Intelligences*: *New Horizons*[M]. New York: Basic Books, 2006: 48.

此之间的影响程度很小,甚至没有影响;第二,每个人的智能结构都由多种发展程度不同的智能组成,使个体具备了多元化、个性化的特点,正是因为每个人的智能发展情况互不相同,才使每个人都是独一无二的;第三,所有智能互相合作互补是形成完整个体智能的基础,因此不会出现一个人完全缺失某一智能,最多也就是智能发展不健全;第四,智能没有高低是非之分,也没有哪种智能是道德的或者不道德的,严谨地说,智能和道德没有关系,每种智能都具有双重性,为社会做出贡献或对社会造成破坏仅仅在一念之间;第五,几种智能同等重要。

第三节　高校英语教学中智慧课堂模式的应用

一、智慧课堂教学理念下高校英语教学的内容

(一)知识素养

知识素养是指学生具备的知识储备、学科交叉能力、信息获取与利用能力、创新思维和问题解决能力等综合素养。在智慧课堂教学背景下,英语知识素养更加强调学生具备面向全球的综合知识视野和交叉学科能力,是应对全球挑战和机遇的重要基础。

英语知识素养是指一个人对英语知识的掌握和理解程度,包括对英语基础知识、英语专业知识和英语综合知识的掌握以及对英语知识的应用和创新能力。在当今社会,英语知识素养对高校英语人才的重要性日益凸显。英语应用型人才需要具备扎实的知识素养,才能更好地适应和应对复杂多变的社会发展需求、科技创新需求和经济发展需求。

英语知识素养是高校英语人才的基础。英语应用型人才需要具备扎实的英语专业知识和技能,只有通过深入学习和掌握各自领域的学科知识,才能在工作岗位上熟练应用这些英语知识,解决实际问题,开展科学研究,推动技术创新,促进产业发展。

英语知识素养是高校英语人才的核心竞争力。随着科技进步和社

会发展,各行各业对英语人才的知识素养提出了更高的要求。英语应用型人才需要不断更新和拓展自己的知识储备,不断提升自己的综合素养,才能适应快速变化的求职市场和不断升级的产业需求。

英语知识素养是高校英语人才的创新动力。在新的经济形势下,企业需要具备创新能力的英语人才,而创新离不开对知识的深入理解和运用。只有具备优秀的知识素养,英语应用型人才才能在实践中掌握新技术、新理论,创新工作方式、解决实际问题,推动企业的创新发展。

英语知识素养是高校英语人才的社会责任。一个拥有优秀英语知识素养的应用型人才,不仅具备值得信赖的英语专业素养,更具备社会责任感和全球意识。他们在应用自己的英语知识能力的同时,还能够关注社会热点问题、参与公共事务、主动承担社会责任,在实际工作中更好地推动社会进步和发展。

总体来说,英语知识素养对高校英语人才的重要性是不言而喻的。英语应用型人才需要具备全面的知识和技能,不断提升自身的英语知识素养水平,才能在不断变化的社会环境中立于不败之地,为社会做出更积极的贡献。因此,高校英语教学培养英语应用型人才时,应加强对其英语知识素养的培养和考量,助力他们成为全面发展、具备创新能力和社会责任感的应用型人才。

(二)媒介素养

媒介素养是指个体在信息时代应对媒介环境所需的能力和素养。它涵盖了对各种媒介形式的理解和运用,以及对信息的评价、创造和传播能力。媒介素养的概念主要包括以下几个方面。

媒介识别能力。这是高校英语人才在媒体环境中必备的一项专业能力,它指的是能够准确识别和理解不同类型媒体的特点和功能,包括文字、图片、音频、视频等形式的媒体。

信息获取和评价能力。能够有效地从各种媒体中获取信息,并对信息进行评价和筛选,识别信息的真实性和可靠性。

媒体创造能力。这是英语人才在媒体领域中的重要专业能力。它指的是能够灵活运用各种媒体形式进行信息创作和表达,包括文字、图片、音频、视频等。

媒体交流和合作能力。这是高校英语人才必备的一项专业能力,它指的是能够通过各种媒体形式进行有效的交流和合作,包括社交媒体、协作工具等。

媒体批判性思维。能够对媒体传播的信息和内容进行批判性思考,理解媒体对个人、社会和文化的影响。

媒介素养的发展有助于个体更好地适应信息时代的媒体环境,提高其对媒体信息的理解和运用能力,同时也有助于培养个体对媒体信息的批判性思维和创造性表达能力。

媒介素养不仅是指对各种媒介形式的理解和运用,更是一种能力和素养的综合体现。它包括了媒介识别能力、信息获取和评价能力、媒体创造能力、媒体交流和合作能力以及媒体批判性思维。在英语人才的培养中,媒介素养扮演着至关重要的角色。

全球化时代要求高校英语人才具备跨文化信息获取和理解能力。媒介素养使他们能够从不同国家和地区的媒体中获取信息,并理解不同文化背景下的信息传播和表达方式,为其在国际化背景下的工作和交流提供坚实基础。跨文化沟通与合作是国际化特色应用型人才的重要素养之一。媒介素养有助于他们在跨文化环境中进行有效的媒体交流和合作,包括利用多种媒体形式进行跨国沟通和项目合作,从而促进跨文化团队的协同效能。

媒介素养还涉及全球媒体创作与传播。具备媒介素养的国际化特色应用型人才能够利用各种媒体形式进行全球范围内的信息创作和传播,促进国际文化交流和理解,为跨国企业的品牌传播和国际合作提供有力支持。

（三）文化素养

文化素养是指个体或群体在文化认知、情感态度、行为习惯、审美能力等方面的修养和素质。它不仅包括对所处文化的理解与尊重,还包括对其他文化的包容与欣赏。在智慧课堂教学背景下,文化素养更加强调跨文化的认知和交流能力,是实现文化多样性共融的重要保障。

随着全球化进程的加速,国际化教育已成为高校英语人才培养的重要组成部分。在这一背景下,高校英语人才的培养需要更多地关注文化素养。文化素养作为知识、技能和态度的结合体,对于应对跨文化交流、全球化视野和文化传承等方面具有重要意义。

随着全球化的深入发展,各行各业都面临着跨文化交流与合作的挑战。在这样的背景下,对于应用型人才来说,具备良好的文化素养显得尤为重要。文化素养是指个体对自己所处文化和其他文化的认知、理解和尊重能力,它不仅涉及对传统文化的继承与传承,还包括对其他文化的包容与欣赏。

首先,文化素养有助于应对跨文化交流与合作的挑战。在如今的全球化时代,各国之间的经济、科技、教育等领域的交流与合作已经成为常态,而在进行跨文化交流与合作时,了解和尊重他人的文化背景是非常关键的。具备良好的文化素养可以帮助高校英语人才更好地理解其他文化的价值观、习惯和沟通方式,减少文化冲突和误解,提高跨文化交流的效果。

其次,文化素养有助于培养创新能力和解决问题的能力。在跨文化环境下,高校英语人才面临着各种新的问题和挑战。良好的文化素养可以帮助他们更好地理解问题的本质,从不同文化的角度思考和解决问题。通过融合不同文化的思维方式和解决方法,他们能够拓宽视野,提高创新能力,找到更好的解决方案。

再次,文化素养对于高校英语人才而言,还有助于提升全球业务能力和国际竞争力。在全球化的背景下,越来越多的企业和组织开展跨国业务。具备良好的文化素养可以使应用型人才更好地适应并参与到全球业务中去。他们可以更好地理解并适应不同国家和地区的市场需求、消费习惯和法规制度,更好地领导和管理跨文化团队,从而提升在全球市场的竞争力。

最后,文化素养有助于传承和发展本民族或本地区的优秀传统文化。作为高校英语人才,他们在实践中接触和运用的文化资源丰富多样。通过对本民族或本地区传统文化的传承与发展,他们可以将传统文化与现代社会需求相结合,创造出更具有创新性和竞争力的应用成果。

综上所述,文化素养对于高校英语人才来说无疑具有重要性。它不仅能够帮助应用型人才更好地应对跨文化交流与合作的挑战,提升创新能力和解决问题的能力,还能够提升全球业务能力和国际竞争力,同时传承和发展本民族或本地区的优秀传统文化。因此,我们应该重视并加强对应用型人才的文化素养培养,为他们的专业发展和成长提供更加坚实的基础。只有具备良好的文化素养,我们才能更好地适应并推动全球化时代的发展和创新。

二、智慧课堂教学理念下高校英语教学的基本组织过程

（一）明确教学目标

高校英语教学目标设计是高校英语教学过程的第一步,也是至关重要的环节之一。它决定了高校英语教学的方向和重点,是教师和学生教与学活动的起点和终点。明确高校英语教学目标有助于教师和学生明确教学要求和标准,从而更好地实现高校英语教学目的。

在确定高校英语教学目标时,教师需要考虑国家课程规划和培养目标,结合教材内容和学生的学习特点进行具体化的设计。高校英语教学目标应该明确、具体、可操作性强,能够衡量和评估学生的英语学习成果。同时,高校英语教学目标的设计应体现教育理念,注重学生的全面发展,培养学生的创新精神和实践能力。

通过明确高校英语教学目标,教师可以更有针对性地设计英语教学环节,选择合适的英语教学方法、教学策略和教学媒体,从而更好地帮助学生掌握英语知识和技能。同时,明确高校英语教学目标也有助于教师评估和改进英语教学质量,针对学生的英语学习成果进行反思和调整英语教学策略,以更好地实现英语教学目标。

（二）激发学习动机

激发学习动机在高校英语教学过程中起着至关重要的作用,它不仅是教学过程中的基本环节之一,更是推动学生积极参与英语学习的关键因素。为了更好地激发学生的英语学习动机,教师可以采取以下几种方法。

首先,提出具有挑战性和吸引力的问题。具有挑战性和吸引力的问题能够引发学生的思考和兴趣,使他们在寻求答案的过程中产生学习的动力。教师在设计问题时要注意把握难度,既要让学生感到挑战,又要让他们有信心通过努力解决问题。

其次,创设成功机会。让学生在英语学习中取得成功,是激发他们学习动机的重要途径。教师要关注每一位学生的进步,为他们提供展

示自己才能的平台,使他们在英语学习中获得成功体验,从而增强学习动力。

最后,合理利用奖励和惩罚。奖励和惩罚是调控学生学习行为的重要手段。教师要善于运用奖励和惩罚,使学生在英语学习中产生积极的心理反馈。合理运用奖励能让学生感受到自己的努力得到了认可,从而激励他们继续努力;适度运用惩罚能让学生认识到自己的不足,从而激发他们改进的决心。

(三)感知教学内容

学生在对知识进行理解时,要以学生的感知和表象为基础,通过多样化的方式呈现材料,创造情境,将抽象知识与直观、生动的事实和形象有机结合起来,帮助学生理解知识。

(1)呈现材料的重要性。在高校英语教学过程中,教师需要提供多样化的材料和实例,帮助学生更好地理解英语知识。这些材料应该与学生的生活经验或感性知识相关,从而帮助他们建立正确的英语概念和理解。

(2)创造情境的必要性。通过创造英语情境,教师可以帮助学生更好地理解和应用英语知识。情境可以是真实的或模拟的,可以让学生更好地融入英语学习过程中,增强他们的英语学习兴趣和动力。

(3)符号直观的结合。符号直观是指利用符号、图形、图表等工具来呈现知识。这些工具可以帮助学生更好地理解英语抽象的概念和关系,与物体的直观相结合,可以更好地促进学生的英语理解力。

(4)学会自我探索。学生需要学会自己运用感官进行思维,逐步掌握英语教材。这需要教师在英语教学过程中给予学生足够的自主权和探索空间,鼓励他们主动思考、发现问题、解决问题。

(四)理解教学内容

在传统的高校英语教学过程中,教师往往只关注知识的传递和灌输,而忽略了学生对英语教学内容的理解和掌握。然而,现代的高校英语教学理念强调学生对英语教学内容的理解和掌握,注重学生的主体性和参与性。

理解高校英语教学内容是指学生在教师的指导下,通过对英语教学内容的感知、理解、巩固和应用等过程,逐步掌握所学知识,并能够将其应用于实际问题的解决中。这个过程是一个认知过程,需要学生积极主动地参与和思考,同时也需要教师提供适当的指导和支持。

为了帮助学生更好地理解高校英语教学内容,教师需要注意以下几点。

(1)明确教学目标。高校英语教师需要明确英语教学目标,确定高校英语教学内容的重点和难点,以及学生需要掌握的知识点和技能点。

(2)合理呈现教学内容。高校英语教师需要将教学内容以适当的方式呈现给学生,如讲解、演示、讨论、练习等。同时,教师需要注意学生的认知特点和兴趣爱好,通过多样化的英语教学方法去激发学生的学习兴趣。

(3)引导学生思考。在高校英语教学过程中,教师需要引导学生思考,启发学生发现问题、解决问题,并鼓励他们积极表达自己的想法和观点。

(4)及时反馈和调整。高校英语教师需要及时了解学生的学习情况,给予反馈和指导,同时根据学生的反馈和表现,及时调整教学策略和方法,确保学生能够更好地掌握所学知识。

(五)巩固教学内容

巩固教学内容是高校学生学习过程中的重要环节,也是高校英语教师教学过程中需要关注的重要方面。巩固教学内容不仅可以帮助学生掌握所学知识,还可以促进他们后续的学习和发展。在高校英语教学过程中,教师可以通过以下方式来巩固教学内容。

(1)提出记忆要求。高校英语教师需要给学生提出一定的记忆要求,指导他们如何记忆所学知识。这可以通过课堂提问、家庭作业、考试等方式来实现。同时,高校英语教师还可以教授学生一些记忆技巧,如分类记忆、联想记忆等,以帮助他们更好地记忆所学知识。

(2)及时复习。及时复习是巩固教学内容的重要手段之一。高校英语教师需要在课堂上留出一定的时间进行复习,或者安排一些课后复习作业,帮助学生及时巩固所学知识。同时,高校英语教师还可以教授学生一些复习方法,如分散复习、集中复习等,帮助他们更好地进行复习。

(3)练习巩固。高校英语教师可以通过布置练习题、练习册等方式来帮助学生进行练习巩固。同时,教师还可以通过组织实践活动、项目式学习等方式,让学生在实际操作中巩固所学知识。

(4)建立知识体系。高校英语教师可以通过引导学生建立知识体系,将所学知识进行归纳、分类、整理,帮助他们更好地掌握知识。这可以通过制作概念图、思维导图等方式来实现。

(5)督促自我复习。高校英语教师需要督促学生进行自我复习,通过复习可以使掌握的知识更加牢固。同时,高校英语教师也可以通过组织学生之间相互讨论等方式促进学生的自我复习和互相学习。

(六)运用教学内容

在运用知识的过程中,学生可以通过模仿性练习来初步掌握解决问题的技能和技巧。模仿是学习的重要方式之一,通过模仿教师可以帮助学生学会如何运用知识,并逐步提高技能水平。同时,高校英语教师还需要引导学生综合运用所学知识,鼓励他们在模仿中进行创新,以应对棘手的问题和突发事件。

此外,知识的运用也可以深化学生对所学知识的理解,使他们能够更为自如地运用知识,做到举一反三。知识的运用和实践是促进技能形成的重要途径,通过不断地实践和反复练习,学生可以掌握更多的技能和技巧,并将英语应用于日常生活和社会实践中。

(七)测评教学效果

在教育信息化时代的高校英语教学中,教学效果的测评通常包括以下几个方面。

(1)观察学生的表现。高校英语教师可以通过观察学生在课堂上的表现,如回答问题、参与讨论、完成作业等情况,来了解学生对知识的掌握程度。

(2)提问和测试。高校英语教师可以设置一些问题或测试题,通过学生的回答情况来了解他们对知识的理解程度。

（3）考试评估。高校英语教师要定期进行考试，了解学生对知识的掌握情况，以及他们在解决问题和分析问题方面的能力。

（4）学生自我评估。高校英语教师要引导学生自我评估，让他们对自己的学习进度和掌握程度有更清晰的认识。

（5）教师反思和总结。根据学生的表现和评估结果，高校英语教师需要进行反思和总结，找出教学中存在的问题，并制定相应的改进措施。

通过以上环节，高校英语教师可以及时获取关于教学效果的反馈信息，从而调整教学策略和方法。同时，学生也可以通过教学测评，发现自己的不足之处，从而调整学习方法，提高学习效果。

第八章

人工智能时代高校英语教学的
创新模式——混合式教学

　　混合式教学是一种将传统的面对面教学与在线学习相结合的教育模式，旨在为学生提供更加灵活、高效、个性化的学习体验。在这种模式下，学生可以利用在线学习资源自主学习，也可以参加传统的面对面课堂进行互动和交流。混合式教学不仅能够提高学生的学习兴趣和参与度，还可以帮助学生更好地掌握知识和技能。本章就具体分析人工智能时代高校英语教学的创新模式——混合式教学。

第一节　混合式教学的内涵与特征

一、混合式教学与混合式学习的内涵

（一）混合式教学

　　随着信息技术与教育的紧密结合，网络学习（E-Learning）日益盛行，以至于出现了传统的学习将被网络学习取代的观点和思潮。后来，实践证实网络学习虽有其优势，但永远也不可能取代传统的学习方式。于是，在对网络英语学习进行反思后，在教育领域，尤其是教育技术领域出现了混合式学习（Blended Learning）这一流行术语。该概念是北师大何克抗教授2003年底在全球华人计算机教育应用第七届大会上首次正式提出的，是一种把传统学习方式的优势和网络学习的优势结合起来、做到二者优势互补、获取最佳学习效果的学习方式。[①] 有的人认为混合式学习是将课堂上的学习和实践与在线学习平台上的学习和互动相结合，提供丰富多样的学习资源和互动学习方式，如格拉汉姆（Graham）、艾伦（Allen）将混合式学习划分为"线上"与"线下"相结合、"学"与"习"相结合、"学习"与"工作"相结合的三种模式。[②]

　　华南师大李克东教授、赵建华认为混合式学习是把面对面的传统学习和在线学习相结合，除了可以降低学习的各种成本之外，还可以有效地提高学习者的学习效率和学习兴趣的一种教育方式。[③]

---

① 何克抗.从 Blending Learning 看教育技术理论的新发展（上）[J].电化教育研究，2004（03）：4-9.
② Graham, C. R., & Allen, S. Blended Learning Environments: A Review of the Research Literature[J]. *Journal of Educational Technology Development and Exchange*, 2003（06）：33-50.
③ 李克东，赵建华.混合学习的原理与应用模式[J].电化教育研究，2004（07）：5-6.

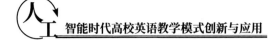

总体来说,大多数定义都表明,混合式学习整合了传统面授教学与在线教学等不同的教育资源,从而可以提供更丰富、更多元化的学习体验,学习者在学习过程中同时使用多种学习方式和工具,如在线学习、面对面授课、小组合作等学习活动,进而提高学习者的学习效果和能力。混合式学习的目的是增强学习效果、提升学习者学习动机和兴趣、增加学习者的学习自主性。混合式学习注重学习者的主动学习和自主探究,强调个性化学习、探究性学习和互动性学习。

在混合式学习的基础上,越来越多的人关注到混合式教学。郑博元、李晓妮指出"混合式学习与混合式教学两个概念等同"[①]。混合式教学则是基于混合式学习的理念,将传统的面对面教学和在线教学相结合。根据美国斯隆联盟(Sloan Consortium)的界定他们认为混合式教学是面对面教学与线上教学的结合,将两种各自独立的教学模式,即传统的面对面教学与在线学习结合起来,所提出的教师可以根据课程的学习和在线课程的比例来进行设计,混合式教学是使用了 30% ~ 79% 的传统教学与网络化学习相结合。运用混合式教学,在课堂上教师要创建出一种有统筹安排、流程清晰、有条不紊的教学模式。

总而言之,混合式学习和混合式教学相辅相成,混合式学习为混合式教学提供了理论依据和实践基础,混合式教学则将学习者个性化、探究性、互动性的学习方式落实到教学过程之中,提高学习者的学习效果,增强学习者的学习动力。

(二)混合式学习

混合式学习作为一种融合了传统面授课程与在线学习优势的教育模式,近年来在我国教育领域得到了广泛的推广与应用。混合式学习将课堂教学、网络自学、小组讨论等多种教学手段相结合,旨在充分发挥教师与学生的主动性,提高教学效果。

在混合式学习中,教师角色发生了很大的变化。他们不再只是知识的传递者,而且是引导者、指导者,帮助学生进行自主学习。教师需要根据课程特点和学生需求,设计有针对性的教学方案,将课程内容进行合

---

① 郑博元,李晓妮.中学历史混合式教学研究分析[J].吉林教育,2022(03):23-28.

理分割,以便学生能够分阶段完成学习任务。在这个过程中,教师要注重培养学生的自主学习能力,引导他们养成良好的学习习惯。

混合式学习对学生的学习方式也提出了新的要求。学生需要充分利用网络资源,如教学视频、课件、文献资料等,进行自主学习。此外,学生还要积极参与小组讨论,与他人分享学习心得,提高自己的沟通能力和团队合作精神。在这种学习模式下,学生要学会如何管理自己的时间,合理安排学习进度,以实现高效学习。

混合式学习的实施离不开先进的信息技术支持。学校应加大投入,改善网络硬件设施,为师生提供便捷、高效的信息交流平台。同时,教育部门要积极推动教育教学改革,引导教师转变观念,提高混合式教学的水平。此外,家长和社会也要共同关注和支持混合式学习的发展,为培养具有创新精神和实践能力的新一代人才贡献力量。

混合式学习作为一种新时代的教育模式,具有巨大的发展潜力。我们应充分发挥其优势,推动教育教学改革,为提高我国教育质量和培养创新型人才做出贡献。未来,混合式学习将在我国教育领域发挥更加重要的作用,为全面提升国民素质和综合国力奠定坚实基础。

二、混合式教学模式的基本特征

(一)混合性

混合式教学不同于单一的传统课堂教学和在线网络教学,混合性是该模式最大的特征。混合式教学有机结合了传统课堂教学和在线网络学习两种独立教学模式,充分发挥二者优势,以实现教学质量的提高和教学效率的提升。首先,在线网络学习的优势得以保留。在线网络教学突破时空的限制,学习时间和地点不再拘泥于课堂和教室,学习内容也不再局限于教材;其次,传统课堂教学的优点也得以保留。在传统课堂中,教师可以系统地为学生讲授课程内容,面对面的教学互动也可以在一定程度上弥补学生因单一线上学习而出现的情感缺失问题,帮助学生健康全面、自由完善地发展。

（二）整体性

混合式教学包含有线上网络学习和线下课堂教学两部分，但混合式教学模式的有效开展需要摒弃碎片化思维，用综合化思维来处理，即根据具体的课程和学科特点择优选择要素组合，以构建线上线下混合式教学高效课堂。在混合式教学中，线上网络学习和线下课堂教学两环节都是必不可少的，因此两环节是否能完美衔接过渡成为开展混合式教学成功与否的关键，特别是知识内容的衔接应做到由浅到深，层层递进。此外，教师在进行混合式教学实践时还需要结合教学规律、原则、任务、方法及条件等对教学过程做出科学合理的安排，以实现混合式教学过程的整体优化，从而追求教学过程在规定时间内达到最佳的教学效果。

（三）发展性

相对于传统课堂教学，混合式教学模式实现了学习时间、空间与内容的开放性与发展性，具体表现有三个方面：首先，时间上从课内向课外延伸；其次，空间从教室向网络空间拓展；最后，内容从教材向广泛资源扩充，丰富的网络资源开阔了学生的视野，为学生全面个性发展创造了现实的有利条件。可见，混合式教学模式具有前沿性、时代性和开放性，该模式的运用有利于培养学生的创造性和发散性思维，以提升学生的综合能力。

（四）高效性

混合式教学模式坚持以学生为中心，鼓励学生在教师指导下主动建构知识。在混合式教学线上环节，学生可以根据自己的认知水平、个性发展需求及兴趣爱好等自主学习新知识；在混合式教学线下环节，学生在教师指导下对学习内容进行建构与加工，从而掌握知识、增强能力及提升思想境界。此外，在课后学生可以再次通过平台进行学习巩固，而教师和学生在这个过程中对学习情况也能进行了解和发现，从而实现学生精准学习、查漏补缺，教师精准辅导、因材施教。可见，混合式教学模式有助于教学的高效开展。

第二节　混合式教学的优势与要素

一、人工智能时代高校英语混合式教学的优势

（一）有利于打破传统教育藩篱

在人工智能时代，高校英语混合式教学成为一种新的教育模式，它有利于打破传统教育藩篱，为学生的学习提供了更加灵活、便捷和高效的学习方式。

人工智能时代的高校英语混合式教学可以打破传统教育的地域限制。传统的英语教学往往需要学生在固定的时间和地点参加课堂教学，而人工智能时代的高校英语混合式教学则可以通过网络平台进行教学，学生可以在家中通过电脑、手机等设备随时随地地进行学习。这种方式不仅方便了学生的学习，也使教育资源得以更加充分地利用，以实现教育公平。

人工智能时代的高校英语混合式教学可以打破传统教育的教学方式。传统的英语教学往往采用单一的教学方式，如教师讲解、学生听讲、学生练习等，而人工智能时代的高校英语混合式教学则可以采用多种教学方式，如在线视频、在线互动、在线模拟等，这种方式可以激发学生的学习兴趣，提高学生的学习效果。人工智能时代的高校英语混合式教学可以打破传统教育的教学内容限制。传统的英语教学往往只注重语法、词汇、阅读等基础知识的教授，而人工智能时代的高校英语混合式教学则可以教授更加丰富的教学内容，如口语、听力、写作、翻译等，这种方式可以提高学生的英语综合能力，满足学生的多元化学习需求。

人工智能时代的高校英语混合式教学可以打破传统教育的评价方式。传统的英语教学往往采用考试成绩作为评价标准，而人工智能时代的高校英语混合式教学则可以采用多种评价方式，如在线测试、作业评

分、课堂表现等,这种方式可以更加客观、全面地评价学生的学习效果,促进学生的全面发展。

(二)有利于促进英语教学发展

混合式教学模式是一种将传统教学和在线学习相结合的教学方式,可以为学生提供更加灵活、个性化的学习体验。通过混合式教学,教师可以更好地满足学生的学习需求,提高教学效果。

混合式教学可以提高学生的学习兴趣和参与度。传统的课堂教学方式往往比较单一,学生容易感到枯燥和无聊,而混合式教学可以通过在线学习、小组讨论等方式,让学生更加主动地参与到学习中来,提高学生的学习兴趣和参与度。

混合式教学可以提高学生的自主学习能力和合作能力。在混合式教学过程中,学生需要自主安排学习时间和学习内容,同时也需要与小组成员合作完成一些学习任务。这种自主学习和合作学习的方式可以培养学生的自主学习能力和合作能力,为他们的未来职业生涯做好准备。

混合式教学可以提高教师的教学效果和教学质量。通过混合式教学,教师可以更好地了解学生的学习情况和需求,从而更好地调整教学内容和教学方式,提高教学效果。同时,混合式教学也可以让教师更好地利用各种教学资源,提高教学质量。

(三)有利于实现学生自主学习

人工智能时代高校英语混合式教学有利于实现学生自主学习,具体表现在以下几个方面。

1. 个性化学习

传统的教学方式往往是以班级为单位进行教学,而人工智能时代的高校英语混合式教学可以实现个性化学习。学生可以根据自己的学习进度和学习习惯,选择适合自己的学习方式和学习时间,例如,在线学习、自主学习、小组讨论等。这样不仅可以提高学生的学习效率,也可以让学生更好地掌握学习内容,提高学习兴趣和动力。

2. 互动性学习

人工智能时代的高校英语混合式教学可以实现互动性学习。学生可以通过网络平台进行交流、分享和讨论,与同学互动、交流学习心得和经验,形成良好的学习氛围。此外,教师也可以通过网络平台与学生进行实时互动,解答学生的疑问,提供学习指导和建议,提高学生的学习效果。

3. 自主管理

人工智能时代的高校英语混合式教学可以实现自主管理。学生可以通过网络平台自主管理自己的学习进度和学习计划,调整学习内容和时间,监控自己的学习效果,以及评估自己的学习成果。这样不仅可以提高学生的自主学习能力,也可以培养学生的自我管理能力和自我约束能力。

4. 智能化评估

人工智能时代的高校英语混合式教学可以实现智能化评估。教师可以通过网络平台收集学生的学习数据和反馈,对学生的学习情况进行分析和评估,提供个性化的学习建议和指导。此外,学生也可以通过网络平台对自己的学习情况进行评估和反馈,及时发现自己的不足和问题,从而进行改进和提高。

二、人工智能时代高校英语混合式教学的要素

随着人工智能技术的不断发展,高校英语教学也在不断地进行改革和升级。混合式教学作为一种新兴的教学模式,已经成为高校英语教学的重要发展方向。下面将探讨高校英语混合式教学的要素。

（一）技术支持

混合式教学需要借助先进的技术手段,如在线教学平台、虚拟现实技术、人工智能等。在线教学平台可以为学生提供随时随地的学习资源,方便学生自主学习。虚拟现实技术可以为学生提供更加生动、真实的语言学习环境,提高学生的学习兴趣和参与度。人工智能可以为学生提供个性化的学习方案,提高学习效果。

（二）教学内容

混合式教学需要注重教学内容的创新和更新。教师应根据学生的需求和实际情况,选择适合的教学内容,同时注重内容的实用性和针对性。教学内容应该包括语言知识、语言技能、跨文化交际等方面的内容,以满足学生的不同需求。

（三）教学方法

混合式教学需要采用多种教学方法,如在线教学、面授教学、小组讨论、角色扮演等。教师应根据教学内容和学生的实际情况,灵活运用不同的教学方法,以提高教学效果。同时,教师还应注重教学方法的互动性和趣味性,以提高学生的学习兴趣和参与度。

（四）教学评价

混合式教学需要建立科学的评价体系,对学生的学习效果进行全面、客观的评价。评价体系应该包括在线学习成绩、面授考试成绩、小组讨论表现、角色扮演表现等方面的内容,以全面评价学生的学习效果。同时,评价体系应注重评价的公正性和客观性,以提高评价的权威性和可信度。

（五）教师角色

混合式教学需要教师扮演不同的角色,如在线教学的引导者、面授教学的设计者、小组讨论的组织者、角色扮演的指导者等。教师应根据教学内容和学生的实际情况,灵活运用不同的角色,以提高教学效果。同时,教师还应注重自身的学习和提升,以适应混合式教学的发展需求。

混合式教学作为一种新兴的教学模式,已经成为高校英语教学的重要发展方向。高校英语混合式教学的要素包括技术支持、教学内容、教学方法、教学评价和教师角色等方面。教师应该注重这些要素的整合和优化,以提高教学效果,推动高校英语教学的不断发展。

第三节　高校英语教学中混合式模式的应用

一、优化混合式教学目标

教育目标是一切教育工作的根本。教师只有明确了教学目标、教学内容、教学任务、开展教学工作、引导学生增强学习能力等的前提下,教学目标才有可能达成,教学才会取得预期效果。作为学生,同样要在明确教学目标的前提下,明确学习重难点。针对教学目标混乱等问题,结合巴班斯基教学最优化理论中有关教学目标的整体性、差异性、及时性原则,提出以下三点优化教学目标策略。

（一）优化教学目标整体性

教育目标是更具体化了的教育的总体目标,也就是教育活动的主体在特定的教育活动中,要实现的期望的结果和要求。教学目标的优化要全面、有重点、有针对性。在设计教学目标的过程中,要考虑每一项内容,现在英语学科的核心素质被提出来了,也就是语言能力、思维质量、文化意识、学习能力,这四项内容是一个完整的整体,因此在对其进行

分析的过程中,不能将其分割开来,而是要从一个完整的角度来进行。除此之外,在设计教学目标时,要处理好各个组成部分之间的关系。

在混合式教学中,由于分成了课前、课中、课后环节,因此在设计教学目标时,每个环节都要兼顾,对教学目标中的各层次、各要点,分别合理化、系统化地处理,这样总体目标也得以优化了。教师在课前、课中、课后目标预设的时候,应该考虑每个阶段应该达到什么样的目的,并且三个阶段的目标要综合达到新课标中英语学科核心素养的要求。例如,课前的目标就是通过任务的安排,加强学生的文化背景意识以及对基础知识的提前掌握;课中的目标就是通过活动与任务,解决学习过程中的重难点问题,培养学生合作学习的能力学习技巧;课后的目标就是线上线下都要及时反馈,学生能够达到学以致用的目的。

(二)优化教学目标差异性

相比于传统课堂,混合式教学对于学生自主学习能力有较高的要求,同时也面临着较大挑战,尤其体现在线上教学环节中。在线学习使学生可以自主地选择学习时间、地点乃至学习中的一部分,从而可以在某种程度上做到心中有数,让学生能够对差异化的学习需求进行充分的满足。但是,因为他们的自觉性、自律性、学习态度和学习能力的不同,使他们在走进线下教室的时候表现出更加明显的"差异化"特征,也就是他们对课前基本知识的掌握程度不尽一致。这就需要教师在教育过程中,不能简单地采取"一刀切"的教育方法,应根据学生的特点,制定相应的教育目标,并在此基础上,把握好课程的培养目标和学生的差别需要。例如,在学习平台上可以设置一些有一定挑战性的学习任务,使学有余力的同学可以通过此类任务提升自己。

(三)及时评价教学目标

根据大纲要求和教材内容拟定各阶段、各年级、各学期乃至每一单元的教学目标要求之后,还要进行及时评价。结合混合式教学新颖的形式,可以设计一个有关教学目标的评价功能,结合教学目标评价的标准,教师可以直接从后台及时评价自己的教学目标,也可以起到监管的作用。对教育目标进行评估的方法有:有效性评估。即教育目标能否完全涵盖教育要求？在关键和困难的地方有没有集中？课程目标层次划分是否合理性？可靠性评估。即有没有达到某种程度的教学目标？语言表达是否精准？是否会产生模糊？课程内容之间逻辑关系严密吗？难度评价。即对于教学目标(目标问题)课前测量通过率低于30%、课后测量通过率高于70%者,表明其难度与要求基本一致,是可以肯定的。在评价过后,对于教学目标要及时做必要的补充、调整,使之更加完善。

二、丰富混合式教学内容

(一)利用学习资源为学生的自主学习和协作学习提供支持

信息化学习资源具有丰富的形式和多样化的内容,可以为学生的学习提供有力的支持。因此,教师在教学过程中,应注重引导和帮助学生有效利用这些资源,以提升学生的学习效果。

首先,教师应为学生提供丰富多彩的信息化学习资源。这些资源可以包括在线视频、音频、电子书籍、在线词典、网络课程等多种形式。通过提供这些资源,教师可以帮助学生更好地理解英语知识,提高英语水平。同时,这些资源也可以为学生提供更多的学习机会,让他们在不同的时间和地点进行学习,提高学习的便利性。

其次,教师需要帮助学生获取和分析处理这些学习资源。学生需要学会如何通过网络获取学习资源,如何筛选和整理资源,以及如何有效地分析处理资源。这需要教师提供引导和帮助,例如,指导学生如何使用在线搜索引擎,如何使用在线词典,如何使用网络课程等。教师还可以通过组织讨论、小组活动等方式,帮助学生共同分析和处理学习资源。

此外,教师还需要编辑加工学习资源,以满足学生的个性化需求。学生在学习过程中,可能会遇到一些难以理解或者难以掌握的知识点,这时教师可以通过编辑加工学习资源,对这些内容进行深入的解析和讲解,以帮助学生更好地理解和掌握这些知识。同时,教师还可以根据学生的学习情况,对学习资源进行调整和优化,以提高学生的学习效果。

对于一些学生来说,他们可能对信息化学习资源不熟悉,也不习惯运用。针对这种情况,教师需要加强对信息化资源的普及,不断鼓励学生使用信息化资源。教师可以通过课堂讲解、演示、示范等方式,向学生介绍信息化学习资源的优点和应用方法,帮助学生充分认识到这些学习资源给其自主学习带来的便捷与好处。同时,教师还可以通过组织学习小组、开展学习竞赛等方式,鼓励学生积极使用信息化学习资源,提高他们的学习兴趣和学习动力。

最后,教师还需要借助现代信息化学习资源来更好地进行自主学习与合作学习。教师可以通过网络平台、在线学习工具等方式,组织学生进行自主学习,让他们在自主学习的过程中,更好地掌握知识和技能。同时,教师还可以通过网络平台、在线学习工具等方式,组织学生进行合作学习,让他们在合作学习的过程中,更好地培养团队合作精神和沟通能力。

(二)为学生提供有效引导、支持

信息化英语课程教学设计旨在充分发挥学习者的主体作用,鼓励他们主动学习、主动探索。这一设计理念源于我国教育改革的新要求,即培养学生的自主学习能力、创新能力和实践能力。然而,由于学习者在知识结构、认识水平和实践经验等方面的局限性,教师在教学过程中需要适时进行指导,确保学习过程的有效性和高效性。

首先,教师需要为学生提供丰富的学习资源。这些资源可以包括教材、参考书、在线课程、视频教程等。教师可以根据学生的学习需求和兴趣,为他们推荐合适的资源,并指导他们如何有效地利用这些资源进行学习。

其次,教师需要反复示范正确的技术动作。在英语课程中,这可能包括语音、语调、语法、词汇等方面。教师可以通过示范、讲解、练习等方式,帮助学生掌握正确的技能,提高他们的学习效果。

再次,教师需要为学生提供咨询服务。在学习过程中,学生可能会遇到各种问题,如理解困难、学习方法不当等。教师可以通过在线答疑、电话咨询、面对面交流等方式,为学生提供及时、有效的咨询服务,帮助他们解决学习中的问题。

最后,教师需要创设问题情境,启发学生思考与探索。教师可以通过提出问题、设置任务、组织活动等方式,激发学生的学习兴趣,引导他们主动思考和探索。这种方法有助于培养学生的创新能力和思维能力，提高他们的学习效果。

针对那些自我调控能力差的学生，教师更需要给予引导和帮助。这些学生可能在学习中遇到困难，或者不熟悉新的学习内容。教师可以通过个别辅导、小组讨论、角色扮演等方式，帮助这些学生调整学习态度，提高学习效果。

（三）强调协作学习

在英语课程教学设计中，信息化协作学习的重要性得到了广泛的认可。协作学习不仅符合学习者的发展需求，同时也满足了社会发展的需求。现代社会分工的细化趋势越来越明显，知识增长的速度也极为迅速，这使协作配合成为完成许多工作不可或缺的因素。因此，协作学习在现代人才培养中占据了重要的地位。

协作学习不仅包括学生之间的协作，还包括师生之间的协作，以及学生与他人之间的协作。这种协作学习的方式不仅可以促进学习者之间的交流和沟通，同时也可以帮助学习者更好地理解和掌握知识。在信息化协作的支持下，学习者可以更加高效地完成学习任务，提高学习效果。

在现代人才培养中，协作意识和合作能力被看作评价学习者的重要标准。这是因为随着社会的发展，许多工作都需要学习者具备良好的协作意识和合作能力。只有具备这些能力的学习者，才能更好地适应社会的发展需求，为社会做出更大的贡献。

（四）在学习和研究活动中将"解决问题"和"任务驱动"作为主线

信息化英语课程教学设计是一种以学生为中心、以解决问题和任务驱动为主线，强调学生主动参与、教师引导和组织的学习方式。它不仅提高了学生的学习积极性，也提高了学生的学习实践能力，是一种有效的教学方法。然而，如何更好地利用信息化技术进行英语课程的教学设计，提高教学效果，还需要进一步研究和探讨。

首先，信息化英语课程教学设计强调将学习与更多的问题、任务联系起来。传统的教学方式往往将学习孤立看待，学生被动接受知识，而信息化教学设计则强调将学习与实际问题、任务相结合,使学习者在解决问题的过程中主动学习,提高学习的积极性。例如,教师可以设计一些与现实生活紧密相关的问题,如"如何在日常生活中使用英语?"或者"如何进行有效的英语口语表达?"等,让学生在解决问题的过程中学习英语,提高学习的实际应用能力。

其次,信息化英语课程教学设计强调"任务驱动"。任务驱动教学法是一种以任务为驱动,以完成任务为目标的教学方法。在信息化英语课程教学设计中,教师可以根据教学目标和内容,设计一些具体的任务,如"编写一篇英语作文""进行一场英语口语交流"等,让学生在完成任务的过程中学习英语,提高学习的实践能力。

再次,信息化英语课程教学设计强调学习者的主动参与。传统的教学方式中,学生往往被动接受知识,而在信息化教学设计中,教师可以通过各种方式,如在线讨论、在线小组活动等,激发学生主动学习的兴趣,使学生主动参与学习,提高学习的自主性。

最后,信息化英语课程教学设计强调教师的角色转变。传统的教学方式中,教师是知识的传授者,而在信息化教学设计中,教师是学生学习的引导者、组织者和评估者,教师需要引导学生在学习过程中发现问题、解决问题,评估学生的学习效果,提高学生的学习效率。

(五)强调面向学习过程的质性评价

在传统英语教学设计中,教学评价常常将学生掌握的知识与技能作为评价学生学习成果的唯一标准。然而,随着信息化英语教学设计的普及,这一传统观念正在被逐步改变。信息化英语教学设计强调在英语教学评价中,应全面考虑师生在课程教学中的所有表现,而不仅是学生的知识与技能掌握程度。

信息化英语教学设计认为,英语教学评价应更加注重真实性。这意味着评价应当在真实的语境中进行,而不是在脱离实际的教学环境中进行。真实性评价能够更好地反映学生在实际应用中的语言能力和语言运用效果。此外,真实性评价也能够促进学生的语言学习动机,激发其学习兴趣,从而提高其学习效果。

信息化英语教学设计还强调评价应当具有教育意义。这意味着评价应当关注学生在学习过程中的学习行为,而不仅是其学习结果。学习行为能够反映出学生的学习习惯和学习态度,是评价学生学习能力发展的重要指标。通过评价学生的学习行为,教师可以更好地了解学生的学习状况,从而调整教学策略,提高教学效果。

三、合理选择混合式教学方法

在教学过程中,教学方法既是教育实践活动的一项重要内容,也是教育实践活动的一项重要内容。这一环节的成功与否,教学效果如何,以及培养出的是什么人,都与此相关。所以,在教学过程中,对教学方法的重视程度,以及对教学方法的使用程度,将直接关系到教学目标的实现和教学任务的完成。为了让学生在学习过程中获得更多的知识,更好地接受更深的思想教育,更好地发展,必须采用行之有效的教学方法。正确的教育方法对提高学生的学习能力、提高其智能水平具有十分重要的作用。如果没有正确的教学方法,就无法达到教学目标,无法完成教学任务,更无法让学生对教学内容的理解和掌握。在混合式教学过程中,由于教学模式的新颖,导致教师对教学方法的选择产生了一定的混乱,部分教师仍然采用的是最传统的讲授法,把英语知识以一种灌输的方式传授给学生,并没有与混合式教学特点相结合。所以,要想提高教学质量和使混合式教学过程达到最优化,就必须对混合式教学过程教学方法进行适当的选择和全面的应用。

(一)恰当地选择教学方法

不少高校虽说实施了混合式教学模式,但是在教学方法上,还是以讲授法为主,大多教师都认为讲授法是最节约时间的一种方法。现如今关于英语教学的方法有以下七种:情境教学法、音乐教学法、交际教学法、语言经验教学法、任务教学法、联想教学法、团体教学法,因此,我们需要结合混合式教学模式的现代信息技术手段,恰当地选取合时宜的教学方法。那么如何才能恰当地选择教学方法呢?这就需要教师做到以下几点:首先,教师应扬弃传统的教学方法,并充分利用自身的优点,使其最大限度地发挥作用;其次,教师的教法应在学生的学习中反映出来,每一位学生的特殊状况都需要教师采用不一样的方式,实施不一样的教学,只有这样,才能取得较好的教学效果。要指出的一点是,教学

目标决定了教学方法。例如,学生想要学习新的知识,往往会使用任务型教学法、讲授法,而要让学生学会技能,就应使用情境教学法、交际教学法等。在教学过程中,教师必须根据教学目标,选择合适的教学方法,这样才能取得理想的教学效果。最后,教学方法的选择还要看教学内容,不同的教学内容适用的教学方法也就不同。比如,英语词汇教学的时候,采取情境教学法、联想教学法比较多;语法教学的时候,往往采用语言经验教学法、任务型教学法等。

（二）综合地运用教学方法

正如前面提到的,英语教学的方法很多,但在混合教学的教学中,我们并不能将所有的方法都采用,而是要根据教学目标、教学内容和学习者的情况,选择和应用多种教学方法,并将其应用到多种方法中去。这一方面是因为混合式教学比较复杂,而且对于新式的教学方法也有支持的教学设施,另一方面是因为方法的多样性能保证学生在掌握知识的过程中,边听边观察、边动手操作,从而使学生的感知更敏锐、更有效。总之,各种教学方法合理组合可以综合发展学生听、说、读、写、译等各方面能力,从而为促进学生全面发展创造条件。然而,要指出的是,有些教师会觉得采用的教学方法是越多越好,但这是不正确的,一节课的课时是固定的,班级人数是固定的,每一节课要完成的教学内容的数量也是固定的,因此在复合型的混合式教学中,就更不能成为多种教学方法的堆积,而是要将各种影响因素结合起来,再将最适合的教学方法组合起来。

第九章

人工智能时代高校英语教学的其他创新模式

　　在人工智能时代背景下,高校英语教学中出现了新的教学模式,高校英语教师需要积极学习并充实这方面的理论知识内容,并将其应用于自己的教学过程中。本章重点研究人工智能时代高校英语教学的其他模式,具体分析 AI、AR、VR 三大技术在高校英语教学中的应用。

第一节　高校英语教学中 AI 技术的应用

一、AI 技术在教育领域中的应用

AI 在教育领域的应用已经逐渐普及,并带来了许多创新和改变。以下是一些主要的应用。

(一)自适应教育

自适应教育是 AI 在教育领域的重要应用之一。它通过分析学生的学习情况和需求,自动调整教学策略和内容,以提供更加个性化的学习体验。这种教育方式可以更好地满足学生的需求,提高学习效果。

(二)智能辅助教学

智能辅助教学是一种利用 AI 技术来辅助教师进行教学的方式。它可以自动生成教学计划、提供学习资源、评估学生的学习成果等。这种辅助教学方式可以提高教师的教学效率和质量,同时也可以帮助学生更好地理解和掌握知识。

(三)机器学习平台

机器学习平台是一种利用 AI 技术来提供学习支持的方式。它可以为学生提供大量的学习资源和在线课程,同时也可以根据学生的学习情况和需求,提供更加个性化的学习建议和指导。

（四）智能评估和反馈

智能评估和反馈是 AI 在教育领域的另一个应用。它可以对学生的作业、考试等学习成果进行自动评估和反馈，同时也可以根据学生的学习情况和表现，提供更加个性化的学习建议和指导。

（五）智能教育资源

智能教育资源是一种利用 AI 技术来管理和优化教育资源的方式。它可以为学生和教师提供更加便捷、高效的教育资源获取方式，同时也可以根据学生的学习情况和需求，提供更加个性化的学习建议和指导。

二、AI 技术在高校英语教学中的具体应用

（一）机器翻译的应用

1.机器翻译和人工翻译的关系

随着科学技术的发展，机器翻译取得了显著的进步。在面对加急处理的文件以及原文中庞杂的信息时，人工翻译工作者很难做到在短时间内高质量地产出译文，此时机器翻译速度快、成本低等优势就能够体现出来了。另外，当原文涉及医疗、金融、科技等具有专业性的知识时，对译者各方面的知识储备要求很高，而译者的语言能力是有限的，因此翻译起来会比较吃力，而机器翻译基于庞大的语料库，能够快速且准确地对专业词汇做出翻译。

然而，机器翻译也仍然存在很多局限性。按照严复先生提出的"信达雅"的翻译要求和原则来看，目前机器翻译的水平基本上只能达到"信"，而在"达"和"雅"层面显然不能与人工翻译相提并论，这也是制约机器翻译发展的瓶颈。

人工翻译能够在理解的基础上进行翻译，考虑到不同语言在习惯表

达上的差异,能更准确地翻译双关语、隐喻、口号等,译后还需要进行检查、修改,以确保译文达到更高的准确率。充分认识机器翻译和人工翻译各自的优劣有助于我们更好地利用机器翻译。在翻译过程中,译者可以充分利用机器翻译的提示功能,借鉴和参考机器翻译的词汇、术语、句式或在机器翻译的基础上进行审查、修正、润色。机器翻译出现明显错误的地方,译者更需谨慎处理、反复推敲,从而做出准确清楚的表述。基于机器翻译提供的大数据信息,译者可以进行分析对比,呈现出更好的译文,这也就是我们所熟知的译后编辑。在译后编辑的过程中,译者可以利用机器翻译的回译核查功能,使用机器翻译对译文进行回译,对译文进行核查。而人工修改后的译文,可以重新交给机器进行学习,充实语料库,进一步提高翻译质量。

不可否认,机器翻译正在不断地进步和发展,它的便捷性、高速度和低成本不可忽视。机器翻译的发展确实给翻译行业带来了一定的冲击,很多人在对机器翻译相关知识一知半解的情况下就对"机器翻译将取代人工翻译"的言论过于焦虑。作为语言学习者,应正确认识机器翻译,人机协同作业将成为行业的新趋势。虽然机器翻译存在很多局限性,缺少人类的内心情感与对语言的理解能力,翻译结果的可信度仍有待提高,但它能够在多个方面给译者提供一些有价值的参考,发挥提示、回译核查作用,进一步促进人工翻译的效率和质量,而人工翻译也为机器翻译提供了越来越多的语料,以促进机器翻译的进一步发展。

2.机器翻译教学的意义

翻译训练对于提高学生英语水平至关重要。英语能力一般分为几个部分:听写能力、口语能力、阅读理解能力、写作能力、翻译能力。各类英文考试中基本上都以选择题为主,真正的主观题即翻译和作文却只占很小的比例。事实上,从初中到高中,中国学生已基本完成了必要的英语基础学习。最新高校本科生和研究生的教学大纲要求又增加了翻译的能力。[①]然而,无论从高校学生的作业还是考试文本质量来看,翻译部分差强人意,学生们对词义不求甚解又不注重语法分析。与此同

---

① 刘文瑛,詹晶辉.从高校公共生和研究生的蹩脚翻译看加强翻译训练的必要性[J].中国翻译,1998(01):28-30.

时,在实际工作中翻译人员仅凭人力很难在有限的时间内完成字量巨大的翻译工作,而多采用利用机器翻译并进行译后编辑的工作模式,但是高校对机器翻译和译后编辑教学等重视不足。

事实上,国际上很多高校不仅进行包括机器翻译在内的自然语言处理技术的研究、建立翻译教学与研究机构,还非常重视关注翻译课程中对翻译技术和翻译工具使用的教授。因此,高校英语教学中必须适时而动,积极应对,在原有的翻译教学中加入科学的机器翻译课程,为培养新时代所需要的外语人才奠定基础。

相比于传统翻译,机器翻译技术的效率优势明显,在传统翻译教学中,教师需要占用大量课堂时间去讲述翻译理论和翻译技巧,课后的翻译训练需要批改,且对于不同学生犯的错误需要反复批注,费时费力,而对于高校英语教学中缺乏专门的翻译课程和相应的翻译训练学习。因此,引入机器翻译教学平台意义深远。与此同时,现阶段国内机器翻译课程教学体系建设不足,翻译专业教师大多从事传统的翻译教学,很难胜任新的机器翻译课程教学。因此,译后编辑能力培养是一个值得关注的新领域,如何充分利用机器翻译以及计算机辅助教学平台完善英语人才翻译能力的培养环节是十分值得探索的问题。

3. 机器翻译平台的改进

为更好地实施基于机器翻译平台的翻译教学和译后编辑能力培养,平台可在以下几个方面进行改进。

首先,翻译材料需要仔细筛选,搭建机器翻译素材库。开展基于机器翻译的译后编辑自主学习,需要在教学前积累和搜寻大量相关资料。对于机器翻译教学来说,形成一个充足的、科学的语料素材库意义十分重大,这需要教师的共同努力。同时,学生也表示希望平台增加具有一定规模的、可供其自主学习的翻译题库,在素材库充足的情况下学生可以根据自己的水平选取适应的语料来训练。平台通过高频错误数据分析,针对学生翻译练习中出现的高频错误推送更多相应的素材练习,提高自主学习效率。

其次,优化平台作业反馈方式和数据显示,建设评论区和优秀作业展示区。教师需要针对性地给予每位学生作业批阅和个性化评价。不同的学生学习水平和学习特点具有差异性,教师在进行作业批改时给予个性化的标签和辅导尤为重要,因此可搭建属于每位学生的个性标签库,使批阅反馈更具个性化,提高学生的兴趣和积极性。在反馈多样化方面,除了传统作业打分,教师可建立自己的个性化点评库,特别是通过正面评价标签的使用激发学生的积极学习情绪,提高学生的学习兴趣。平台可优化界面,保证学生提交译文后能立即看到参考译文。同时,在看到教师反馈之后可进行修正,再次提交修改后的译文。建设在线交流论坛区方便师生互动,可在论坛区公布每次作业的班级平均分和最高分,有助于学生更好地解读自己的分数,同时放上班级优秀学生的作业,可形成良好的学习氛围,激励学生认真翻译学习,争取下次做得更好。

最后,可将机器翻译平台的自主学习与教师面授总结相结合,开展混合式教学。在基于计算机辅助翻译的译后编辑自主学习能力培养时,应避免机器翻译平台在自主翻译学习中喧宾夺主。值得注意的是,计算机辅助翻译平台的自主学习成效较好,但是对于班级后进生仍需要教师面试知识点的讲解才可以取得更好的效果。因此,在条件允许的情况下,教师可面授讲解高频错误点和重要的知识点,通过此混合式教学方法可以更加及时高效地避免机器翻译的负迁移作用,也让学生进一步加强知识点的巩固和吸收。

与此同时,教师定期给学生以教学目标和学习计划的指引可以更好地激发学生的自学能力。教师也需要鼓励学生定期复习和进行笔记整理。在学习过程中适当地引导学生进行周总结和月度总结,对于个人常见的错误标签进行整理和归纳学习,及时调整学习状态和自学策略。

(二)聊天机器人的应用

现如今,我们的日常生活已经越来越离不开智能语音服务了,无论是微信语音信息、智能手机语音助手,还是以"小度小度"为代表的智能音箱,这样的聊天机器人的对话能力,是基于对网络上海量的公开数据的挖掘而来。不同于早期的专家系统的训练,即教 AI 说话,今天的聊天机器人依赖于人工神经网络技术,人机对话的算法是在网络数据中摸索而产生的,从而在面对各种奇谈怪论时,提供人性化的应对措施。

对此,让我们来看一下智能语音行业的领军人物"小微"是如何起航的。"小微"是由微信高校英语 AI 高校英语团队提供的智能服务系统,也是一个智能服务开放平台。接入"小微"的硬件,在听觉与视觉方面都能快速地发挥感知的能力,帮助智能硬件制造商实现语音人机交互和音视频交互服务。从播放音乐和视频开始,听有声新闻、查询天气情况、学习外语、展开聊天、设置事件提醒、设定时间闹钟等,在使用"小微"时,仅需说一声"小微"。"小微"还可以与调节灯光、空调、电视的各类智能设备进行控制,此外,小微还能通过图像识别技术认识很多东西,这看起来很酷。

正如目前微信自然语言处理和语音识别功能研究团队所强调的,本着让世界更开放连通的宗旨,语言服务是社交软件的必经之路。

"小微"的 AI 英语语言能力还体现在以下四个方面。

第一,语音识别。通过心理学与语言学的同时运用,通过设计开发神经网络,在内置芯片的性能保障之下,把文字智能地转化为自然语言流,属于人机对话的一部分,实现让机器说话的功能。

第二,情绪识别。通过特定的算法,分析用户语言指令的情绪情况,同时语言的情绪识别可通过可视化的表情反馈在有屏设备上。

第三,实时翻译。支持中英两种语言的实时翻译功能,可以进行语音播报。

第四,人机对话。在提供了足够多的对话数据后,小微能够帮助用户提供基于该数据的机器自动对话能力,应用于个体对话智能、客户服务智能、聊天协助插件等的开发与制造。

正如微信团队所坚持的,对话是天然的交互方式,而机器人正是对话交流最好的载体。与此同时,机器人也要是一个实体,要有个性,要为使用者提供服务,在此领域,微信具有永久在、用户画像、大数据、服务闭环等优点,人和服务、人与人通过 AI 机器人与 AI 机器人相连。同时,对千万服务号提供自动、实时、智能服务微信的机器人的研究也已体现了这个观念。希望有朝一日,它可以解决用户生活中出现的各种问题,可以成为用户的知心朋友。

第二节　高校英语教学中 AR 技术的应用

一、AR 技术的内涵

增强现实(Augmented Reality),简称 AR,也被称为"扩增现实",是把现实世界中某一区域原本不存在的信息,经过模拟仿真后再叠加到真实的世界,被人类所感知的技术。通俗地讲是一种实时计算摄影机影像的位置及角度,并加上相应的图像的技术。这种技术通过计算机科学技术仿真,将现实世界特定时空中难以体验到的信息与现实场景叠加到一起,被人类感官感知。可以实现 AR 体验的硬件主要包括移动手持式设备、头戴式显示器、智能眼镜及空间增强现实显示设备等。AR 技术有三个突出特点,分别为虚实结合、实时交互和沉浸式体验。

（一）虚实结合

虚实结合是 AR 技术最大的特点,也是区别 VR 技术与 AR 技术的重要特征。利用计算机技术生成图像信息,通过传感器将生成的图像信息映射在预定好的现实场景的位置,通过屏幕呈现给用户一个虚实结合的新环境。AR 这种呈现方式可以一方面借助环境的事实存在的优势,另一方面可以借助虚拟信息构筑灵活性的优势,不仅可以免去传统情景构建费时费力的工作,而且能够将虚假的情景与现实结合得更加紧密,从而使教学资源的制作形式更加多样化,延展了教学资源建立的渠道。

（二）实时交互

AR 技术功能之一就是将虚拟世界与现实世界实时同步。用户可以通过设备在 AR 构建的世界里,将虚实信息结合起来判断,实时交互。例如,"高德地图"之类的导航 App,就加入 AR 导航的功能,用户可以通过智能移动设备进行旋转位置或者其他触屏操作,获得道路的指引信息。要实现实时交互的功能,就要求实时的"三维准备",即随着设备移动或转动,所获得的现实图像视野发生变化,根据三维注册的定位,AR所生成的信息也随之发生变化。利用 AR 技术这种交互特征,可以将教材中的图片通过 AR 相机进行识别,生成相应的三维模型。学生通过调整图像在 AR 相机中的位置,改变模型在 AR 相机里的视角,可以实现实时、全方位地观察模型,从而培养学生的空间思维能力。

(三)沉浸式体验

沉浸感是 AR 技术和 VR 技术共同的特点,给用户带来身临其境的感受,基本能做到真假难分,让人融入和沉浸其中。沉浸式体验是上述两个特点带来的结果,对于教学来说,创造一个让学生专注学习的情境十分重要。在传统的情景式教学法中,教师都是通过图像、视频、语言描述等方式来构造学习情景,而 AR 技术能构造更加直观的学习情景,免去了传统方式构造的学习情景进入学生思维二次加工的步骤,提高了学生学习的专注度。

二、AR 技术在教育领域中的应用

(一)AR 辅助教学软件

AR 软件是可以通过手机或 ipad 等智能移动设备生成 AR 三维场景,并具备各种交互功能的软件。AR 辅助教学软件则是根据教学需求、配合教学方法、结合教学内容进行开发、设计的软件。AR 辅助教学软件与其他 AR 软件的不同之处在于,其交互功能的设计要充分考虑教师开展教学工作的实用性和便利性,以及学生探究学习的关键性体验和操作。此外,还需要结合多种信息化教学资源,将这些信息化资源融入教学各个环节。

课堂教学是指在课堂这一特定情境中,教师教与学生学构成的双边活动,也称"班级授课制"。课堂教学是实现素质教育的主要渠道。^①课堂教学的一般环节为复习提问、导入新课、学习新课、课堂小结、布置作业。目前,高校英语课堂教学上采用了多种形式的教学媒体,包括图像、视频以及三维模型软件辅助讲解,但本质上还是属于传统课堂"满堂灌"的教学形式,学生学习主体地位得不到充分发挥,学习过程缺乏趣味性和互动,使高校英语课程的教学质量不高,所以需要引入一些能够让学生自主观察和互动学习的信息化手段,来突破高校英语课程教学的瓶颈。

基于 AR 技术的课堂教学是利用 AR 技术虚实结合的呈现方式和多样化的互动机制来辅助课堂活动进行的教学形式,可以将多种教学资源结合到真实学习情景中,丰富教学形式,提高教学效率。AR 技术将以 AR 辅助教学软件的形式运用于课堂教学,在教师探究问题情景构建,以及学生自主探究环节使用该软件进行,辅助教师创设更加具象化的教学情景,帮助学生更加直观地理解三维模型结构,进行有效的合作交流学习。

(二)AR 技术在课堂教学中的优势

AR 的许多特点都可以运用到教育领域,在教科书的编撰和教育方式的创新中具有巨大的发展潜力,AR 技术在课堂教学的优势概括以下四个部分。

1.将抽象的内容可视化、形象化

高校英语课程中有许多重难点知识,这时候就可以利用 AR 模型,加快学生对这种抽象概念的感知,让思考内容像积木一样,一块一块搭建起来,组成一个完整的认知图式。

---

① 裴娣娜.课堂教学改革 40 年实践探索[N].中国教师报,2018-12-26.

2. 提升学生的课堂专注度

兴趣是最好的老师。高校学生普遍学习注意力集中程度较差,当学习内容枯燥、晦涩难懂的时候,学生就会失去学习兴趣,课堂参与度降低。AR 能给学生一个特殊的空间,这个空间不是独立的,而是每个人都存在其中,给学生互动和观察带来真实体验。AR 可以通过及时反馈,如一些语音或文字提示,来培养学生直觉,捋顺学习思路,使学习新知识不再是一件苦差事,而是充满探索和收获的乐趣。

3. 减少教学资源的经济投入

在课堂教学中,一些知识点是需要准备相关教具,以培养同学操作技能。教具的使用在课堂教学中占有较大的比重时,教师如何用教具让课堂教学变得更有效很重要。而现实中课堂教学的教具往往只有教师持有,最多有几套供学生轮流使用,学生只能走马观花,无法深入观察。AR 技术不仅能提供各种虚拟教具,而且能在保证安全性的前提下进行各种操作技能练习以及实验,在减轻人力物力的投入的同时,还扩大了教具的覆盖性。

4. 丰富教学方式

利用 AR 教学的互动性、沉浸感强的特点,教师可以组织各种教学活动,增加课堂趣味性。士瓦尔(Squire)和克洛普弗(Klopfer)[1]指出,让学生在真实空间中玩虚拟游戏,能够提升学生对环境的感知,促使他们下意识地结合所有环境因素做出明智的决定。

借助 AR 内置的资源或互联网资源拓展书本上的内容,教师可以将传统课件变为生动有趣的 AR 课件。此外,还可以在 AR 系统里加入评测功能,帮助教师对学生的学习结果进行评估,学生也可以进行自评,并且能够反复练习、测验。

---

[1] Squire K., Klopfer E. Augmented reality simulations on handheld computers[J]. *Learn Sci*, 2007, 16(3): 371-413.

三、AR 技术在高校英语教学中的应用策略

（一）教学设计原则

1.主体性原则

教学设计要时刻把握以学生为中心、以教师为主导的原则,在此基础上设计一系列课堂活动。要体现学生的主体性,就要把握教师、教材、学生之间的变化归因。教师的引导、教材的辅助作为外因,学生是否主动学习知识才是内因,是学生自我发展的内驱力。

2.交互性原则

AR 环境中的交互突破了空间对学生学习的束缚,为协作式学习、问题解决式学习、发现式学习等学习活动的开展提供了便利。著者通过移动设备开展 AR 资源辅助教学,能够在师生互动、生生互动基础上增加人机互动的功能,增加学生的课堂参与度,帮助学生接受、理解新知识,拓宽课堂学习的时间和空间。

3.协作性原则

师生之间、生生之间进行信息的交流、实验的合作,不仅锻炼了学生的有效沟通能力,也提高了学生的表达、总结能力,通过思维上的碰撞,学生能够更全面地理解知识点。因此,在进行教学设计时,教师在 AR 教学情境下发布学习任务,引导学生分组讨论,利用移动设备开展 AR 实验,完成学习任务。

4.差异性原则

教学设计要充分考虑学生学习能力、学习兴趣的不同,但在班级授

课制教学中,受到班级人数、学生水平各异等原因的限制,教师难以实现因材施教。因此,要利用好 AR 教学,充分适配学生之间的差异,营造轻松有趣的课堂实验氛围,让不同能力的学生都能参与到课堂中,提高学习的自信心,紧跟探究进程,掌握教材内容,培养学生的学习能力。

（二）教学策略

在高校英语教学中采用 AR 教学资源辅助的支架式教学策略,主要由以下五个步骤组成。

（1）构建概念框架。根据学习主题,利用 AR 教学资源建立符合学生最近发展区要求的概念框架,为学生学习奠定基础。

（2）创设情境。使用 AR 技术带领学生进入教学情境,激发学生的学习兴趣,提高学习效果。

（3）自主探究。通过分组小任务让学生自主探究,并进行启发引导、演示或介绍概念。教师巡视指导,适时提醒,帮助学生建立概念或知识框架,最终达到学生能自由、自主地在框架中继续提升的效果。

（4）协作学习。教师发布学习任务,小组利用 AR 教学资源进行讨论,完成该任务,并在课堂上进行展示,促进学生之间的交流和互动。

（5）效果评价。自评和他评结合,最终由教师进行点评。教学结束后进行总结性评价,以期提高教学的质量和效果。

（三）教学流程

基于 AR 教学资源的高校英语课堂包括单元分析、单元设计、课时设计、基本环节四个部分,其教学流程如图 9-1 所示。

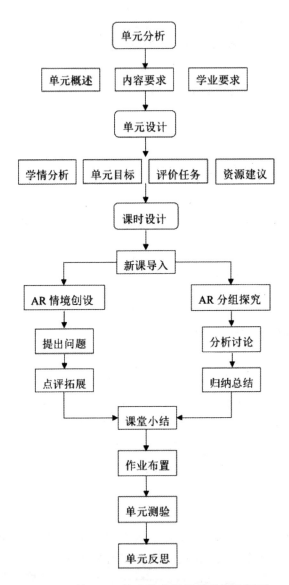

图 9-1　基于 AR 的高校英语教学设计流程图

第三节　高校英语教学中 VR 技术的应用

一、VR 技术的内涵

VR 技术（Virtual Reality），即虚拟现实技术，又称为"灵境技术"，是 20 世纪发展起来的一种崭新的计算机网络技术实用技术，它可以通过数字形式，虚拟出一个逼真的空间。VR 技术通过计算机技术、电子信息技术、虚拟仿真技术等，为用户提供高沉浸感的内容，被广泛应用在多个领域，随着科学技术的进步，VR 技术也取得了长足的发展，并逐渐成为科技领域的风向标。

在理论上，VR 是一种能够创造和体验虚拟世界中的电脑仿真系统，它通过电脑产生的仿真环境，可以为使用者提供沉浸式、多感知、交互性体验的三维动态世界，并可以融入其中进行实体行为的虚拟仿真系统。VR 技术通过数字设备，把生活中各种各样的数据转化成可以被人真切感知的对象，也可以通过 3D 建模技术将脑海中想象的事物呈现出来，因为不是直接可以看到和触摸到的，而是通过数字技术模拟出来的真实的世界，所以被称为 VR。

VR 技术越来越受到人们的认同，使用者可以根据与现实世界难识别的模拟环境的真实性，真切地体验 VR 世界。与此同时，VR 具有听觉、视觉、触觉、味觉、嗅觉等感知系统，最终拥有真正实现人机互动的超强仿真系统，让人在操作过程中随心所欲，获得真实的反馈。

VR 技术的特征主要包括以下几个方面。

沉浸感。虚拟现实技术可以生成一种逼真的三维虚拟环境，用户可以通过头戴式显示器、手柄等设备进行操作，仿佛身临其境地进入这个虚拟世界。这种沉浸感可以让用户完全沉浸在虚拟环境中，专注于与虚拟物体的交互和体验，而忽略了现实世界中的干扰和影响。

交互性。虚拟现实技术允许用户与虚拟环境进行自然交互，用户可以通过手势、头部转动、身体移动等动作来操作虚拟物体，同时得到相

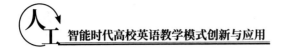

应的反馈,如物体的形状、大小、重量等感官体验。这种交互性使用户能够更加真实地感受到自己与虚拟环境的联系和互动。

想象性。虚拟现实技术可以激发用户的想象力和创造力,用户可以在虚拟环境中进行探索和学习,获取新的知识和技能。同时,虚拟现实技术还可以通过模拟现实生活中的场景和事件,帮助用户更好地理解和掌握现实世界中的知识和技能。

多感知性。虚拟现实技术可以提供多种感知体验,包括视觉、听觉、触觉、味觉等感官体验。用户可以通过头戴式显示器、手柄等设备感受到虚拟环境中的视觉和听觉刺激,同时还可以通过手柄等设备感受到虚拟物体的大小、形状、重量等物理属性。这种多感知性可以让用户更加真实地感受到自己与虚拟环境的联系和互动。

存在感。虚拟现实技术可以让用户感到作为主角存在于模拟环境中的真实程度。这种存在感可以让用户更加深入地参与到虚拟环境中,感受到自己在虚拟世界中的存在和影响力。

二、VR 技术在教育领域的应用

VR 技术在教育中的应用主要有以下几个方面。

(一)模拟训练

利用 VR 技术,可以模拟出各种实际场景,供学生进行训练。例如,在医学领域,可以模拟手术室的环境,让学生进行手术模拟训练,提高其实操技能;在军事领域,可以模拟战场环境,让学生进行作战模拟训练,提高其作战能力。

(二)虚拟校园

虚拟校园是 VR 技术在教育培训领域的一种重要应用,它可以提供一种沉浸式的、交互式的虚拟环境,使学生能够更好地理解和掌握知识,提高学习效果。虚拟校园的应用层面包括以下三个。

1.简单的虚拟校园环境

这种应用层面主要是提供一种虚拟的校园环境,供游客进行浏览和观光。这种应用层面主要是为了展示校园的环境、建筑、设施等基本信息,以及校园的历史和文化等。

2.功能相对完整的三维可视化虚拟校园

这种应用层面主要是以学员为中心,加入一系列人性化的功能,如虚拟教室、虚拟实验室、虚拟图书馆等。这些功能可以帮助学生更好地进行自主学习和合作学习,提高学习效果。

3.VR技术作为远程教育基础的虚拟远程教育

这种应用层面主要是利用VR技术作为远程教育的基础,提供一种可移动的电子教学场所。这种应用层面可以帮助学生更好地理解和掌握知识,同时也可以提高学生的学习效果和兴趣。

总之,VR技术的应用可以为学生提供更加真实、生动的学习体验,帮助学生更好地理解和掌握知识,提高学习效果。同时,虚拟校园也可以为高校扩大招生后设置的分校和远程教育教学点提供可移动的电子教学场所,从而更好地满足不同程度的需求。

(三)交互式教学

VR技术可以让学生在一个虚拟环境中与物体、其他学生、教师等进行交互,从而提高学生的参与度和学习效果。例如,在科学领域,可以让学生通过VR技术观察到原子的结构、微生物的生存环境等真实世界中难以观察到的现象,并通过交互式学习来深入理解科学原理。

(四)虚拟实验室

利用VR技术,可以建立各种虚拟实验室,供学生进行实验操作。

例如,在化学领域,可以建立虚拟化学实验室,让学生进行化学实验操作,提高其对化学知识的理解和掌握。

(五)创新教育

VR 技术可以为学生提供开放性的学习环境,有利于培养学生的创新思维和创新能力。例如,在艺术领域,可以利用 VR 技术进行绘画、音乐创作等艺术活动,让学生发挥自己的想象力和创造力。

总之,VR 技术在教育中的应用具有广泛的前景和潜力,它可以为学生提供更加逼真、交互式的学习体验,提高学生的学习效果和兴趣,同时也可以为教师提供更加灵活、多样化的教学方式和工具,提高教学的效果和质量。

三、VR 技术在高校英语教学中的应用策略

(一)创设三维教学情境

VR 技术在当今社会已经成为一种备受关注的前沿科技。将其融入高校英语教育创新中,有望极大地突破传统课堂的局限性,创建立体的教育情境。这种创新教育模式不仅能够提升学生的学习体验,还能够帮助他们更好地掌握和应用英语知识。

首先,VR 技术可以为教师提供具体的教学环境,实现模拟的视觉、听觉和触觉体验。通过这种身临其境的教学方式,学生可以更轻松、更快捷地感受和学习英语。例如,在本地化教育场景中,如曼哈顿的街道、华盛顿的购物中心等,学生可以在更真实的社会环境中展示他们的英语交流能力。

其次,VR 技术有助于提高学生的沟通技巧。在 VR 环境中进行角色扮演,可以让学生在模拟的真实场景中锻炼口语表达能力,为他们在实际生活中运用英语奠定基础。同时,这种教学方法也有助于激发学生对英语课程的兴趣,使他们产生继续学习和理解的动力。

此外,VR 技术还可以根据学生的个性和个人能力进行相应调整,以实现因材施教。对于不同水平的学生,教师可以设置不同难度的教学

内容,使每位学生都能在 VR 环境中找到适合自己的学习进度。

总之,将 VR 技术融入高校英语教育创新中,能够为学生提供更加立体、真实的学习环境,以有效提升英语教学质量和学生的综合素质。随着 VR 技术的不断发展和普及,我们有理由相信,这种创新教育模式将在未来发挥更加重要的作用,为英语教育带来前所未有的变革。

(二)构建基于任务的英语模型

VR 技术在我国教育领域中的应用正逐渐崭露头角,特别是在高校英语教学中,其独特的教学模式为提高学生学习兴趣和效果提供了新的可能。通过利用 VR 技术设备,我们可以构建一个连接虚拟与现实的任务型高校英语教学模式,为学生提供一个沉浸式的学习环境。

在这种教学模式下,教师可以设计各种富有挑战性和趣味性的学习任务,以类似于沉浸式游戏的方式分配给学生。学生需要在虚拟世界中与 NPC 进行英语对话,寻找必要的物品或线索,逐步完成剧情任务。这样的教学方式不仅能激发学生的学习兴趣,还能使他们积极参与,提高英语实践能力。

利用 VR 技术构建任务型高校英语教学模式,能够充分调动学生的积极性、主动性和创造性,提高学生的英语学习效果。随着 VR 技术的不断发展和完善,我们有理由相信,它在英语教育领域中的应用将更加广泛,为提高我国英语教育质量做出更大贡献。

(三)提供分层化教学资源

在现实的教学环境中,高校英语教师面临着一个巨大的挑战,那就是他们所面对的学生人数众多,而且每位学生的兴趣爱好、知识基础和学习习惯各不相同。这种情况无疑进一步增加了教育的难度。我国教育部倡导的"因材施教"教育理念,虽然在理论上能够满足学生的个性化需求,但在实际操作中,要真正做到满足每位学生的需求和目标,却并非易事。

为了应对这种挑战,英语教师可以尝试根据学生的学习兴趣、学习能力、知识储备和考试成绩等指标,将学生进行合理分级。这样的分级并非为了区分优劣,而是为了更有针对性地进行教学,让每位学生都能在适合自己的教学方式和进度下进行学习,从而提高学习效果。

在此基础上,我们研发了一系列基于 VR 技术的沉浸式教学课件,并将其分发给课堂上的学生。通过这种方式,学生可以接触到虚拟的学习场景和丰富的英语学习资源,这不仅符合他们当前的综合素养需求,也有助于激发他们的学习兴趣,提高学习效果。同时,这种教学方式还能有效避免因学习压力过大而产生的学习恐惧等负面情绪。

总之,运用 VR 技术进行英语教学,既能满足学生的个性化需求,又能提高教学效果,是一种值得推广的教学模式。当然,这也对教师提出了更高的要求,他们需要不断更新教学理念,提高自身的教育技术水平,以适应这种新的教学模式。在未来的教学中,我们期待看到更多教师能够充分利用 VR 技术,为学生提供更加个性化、高效的学习体验。

(四)利用 VR 学习技术增强学生的学习动力

在 VR 技术的支持下,学生不仅可以受到书籍和教师的影响,还能同时接触到来自不同领域的未知刺激。这种多元化的刺激为学生提供了更丰富的学习资源,有助于他们在下一学习阶段实现全面发展,为未来的学习打下坚实的基础。

总之,学习动机在很大程度上影响着学习效果,而 VR 技术的应用则为提高学习动机提供了可能。通过营造充满英语氛围的学习环境和提供多元化的刺激,可以激发学生的学习热情,帮助他们更好地掌握语言知识,为未来的学习和发展奠定坚实基础。在学习过程中,教师和学生应共同努力,充分利用 VR 技术所带来的优势,提高学习动机,实现更高效的学习。

第十章

人工智能时代高校英语教学的
教师发展与多元化评价

在当前社会,信息技术和网络技术的普及对高校英语教学产生了深远的影响。为了适应这一趋势,高校英语教师需要充分掌握信息技术,提升网络素养,以全面促进学生英语教学水平的提升。同时,在人工智能时代,高校英语教学评价理念的发展与实践已经历了从"结果"向"过程"和"产出"的转变,因此高校英语教学评价需要做出相应的调整,以更好地适应人工智能时代对人才培养提出的新要求。本章就对这两大因素展开分析。

第一节 高校英语教学中的教师与教学评价

一、高校英语教师的素养及专业发展

(一)高校英语教师的能力

教师在教学中培养学生的语言能力和跨文化交际能力,需要具备较高的专业水平和教学能力,特别是跨文化教学能力,包括传授语言知识、发展学生的语言能力、增强学生的跨文化意识以及培养学生的跨文化交际能力。

1.教材评估、选择和使用能力

在高校英语教学中,教师对教材的评估、选择和使用能力至关重要。教师的教学活动主要以教材为依据,而为了培养学生的语言能力和跨文化交际能力,教师需要对教材进行深入的评估和选择。这意味着教师不仅要考虑教材的知识性和教育性,还要评估教材是否能够帮助学生了解不同文化背景下的语言和交际规则。教师在评估教材时,需要仔细研究教材的内容、语言难度、文化覆盖面等方面,以确保所选教材能够满足跨文化交际教学的需求。

除了评估外,教师在选择教材时,还应确保所选教材的真实性和可靠性。教材来源于实际的语言使用场景,而不是经过人为加工或修改的。真实的教学材料能够帮助学生更好地了解不同文化背景下的语言使用情况,从而更好地掌握跨文化交际的技巧。

此外,教师还需要根据具体的教学情况和学生的学习情况,对教材进行适当的调整和改编。由于不同的学生群体具有不同的学习需求和文化背景,因此教师需要根据学生的实际情况对教材进行适当的调整,以更好地适应学生的学习需求。同时,教师还可以根据实际的教学情况对教材进行适当的补充和删减,以使教学更加灵活和有效。

2. 跨文化课堂教学能力

跨文化课堂教学是实现高校英语教学跨文化转型的关键路径,也是培养学生跨文化交际能力的重要环节。因此,教师需要具备开展有效跨文化课堂教学的能力。教师需要对学生的学习背景和个体差异进行深入分析,了解学生对目的语文化的态度以及他们对目的语文化知识的掌握程度。通过这种方式,教师可以更好地理解学生的需求和挑战,从而根据学生的实际情况制定适应的教学策略。

在选择教学内容、教学方法和教学活动时,教师需要充分考虑具体的教学环境、教学目标和基本教学原则。这要求教师具备灵活的教学策略和广泛的文化知识,能够根据实际情况选择最合适的教学资源和方法。此外,教师还需要设计具有实际意义和趣味性的教学活动,以激发学生的学习兴趣和参与度。在教学过程中,教师需要保持客观的态度,将教学视为一个动态的过程。这意味着教师需要不断反思和调整自己的教学方法,积极鼓励学生参与教学活动,并确保师生之间、学生与学生之间进行积极的交流。这种互动的教学方式有助于培养学生的批判性思维和跨文化交际能力。在语言文化教学方面,教师需要具备足够的教学素质,能够合理运用语言文化教学方法。这意味着教师不仅要教授语言知识,还要引导学生深入了解目的语文化的内涵和价值观。通过比较不同文化之间的差异,教师可以帮助学生更好地理解和尊重文化多样性,避免在跨文化交际中出现误解或失误。

3. 课外学习与实践的组织和指导能力

通过组织和指导学生的课外学习与实践,教师可以帮助学生丰富文化知识、提高文化能力,从而更好地应对跨文化交际的挑战。课堂教学的时间有限,而文化的内涵广泛且复杂。因此,鼓励学生参与课外学习和实践,提供更多的机会让他们接触和理解不同的文化,是扩充学生文化知识的有效途径。

教师可以通过组织和指导学生的课外学习与实践,帮助他们梳理本族文化和他族文化之间的关系。这有助于学生理解文化的多样性和包容性,并培养他们尊重和欣赏不同文化的态度。在这个过程中,教师还需要关注学生价值观的树立,引导他们以开放和包容的心态对待不同的文化观念和习俗。此外,教师还可以通过创新课外活动的方式激发学生的文化学习兴趣和欲望。例如,组织文化主题的讲座、展览、电影放映等活动,或引导学生参与跨文化交流项目和志愿者工作,让学生在亲身体验中感受文化的魅力。

4.现代信息技术使用能力

在高校英语教学中,教师应当充分利用现代信息技术,为学生提供更为丰富和多样的文化学习资源,从而提升学生的跨文化意识,培养他们的跨文化交际能力。教师需要根据教学和学生的实际需求,合理运用现代化信息技术来创设跨文化交际语境。通过模拟真实的跨文化交际场景,教师可以帮助学生更好地理解和应对不同文化背景下的交际情境。这不仅可以增强学生的文化敏感度,还可以为他们提供实践的机会,使他们在实际操作中提高跨文化交际能力。随着信息技术的快速发展,新的教学工具和平台不断涌现,为跨文化教学提供了更多的可能性。教师应当积极学习和掌握这些新技术,将信息技术与教学紧密结合,优化教学环境,提高教学效果。此外,教师在使用信息技术进行教学的过程中,还需要注重培养学生的信息素养。这意味着教师不仅要教会学生如何使用信息技术工具,还要培养他们批判性地处理和应用信息的能力。在面对大量信息时,学生需要学会筛选、分析和评估信息的质量和可靠性,以确保他们在跨文化交际中能够做出正确的判断和决策。

(二)高校英语教师专业发展

随着全球化进程的加速和我国教育改革的不断深化,高校英语教师专业发展的重要性日益凸显。高校英语教师专业发展不仅关乎学生的语言学习成效,更关乎我国英语教学事业的繁荣与昌盛。下面将从以下几个方面探讨高校英语教师专业发展的内涵。

1. 专业素质的提高

高校英语教师专业发展应首先关注教师自身的素质提高。这包括教师的教育教学理念、专业知识、教学技能、跨文化交际能力等方面。教师应具备先进的教育教学理念,明确英语教学的目标,关注学生的全面发展。同时,教师应不断更新专业知识,关注英语教学的新动态,提高自身的学术水平。此外,教师还需具备丰富的教学经验和良好的教学技能,如组织课堂教学、指导学生学习、评估学生的学习成果等。此外,教师还需具备跨文化交际能力,能够有效地与不同文化背景的学生进行沟通与交流,提高学生的跨文化交际能力。

2. 教育教学方法的改进

教育教学方法的改进是高校英语教师专业发展的关键。教师应运用现代教育技术,如多媒体、网络资源等,丰富教学手段,提高教学效果。同时,教师还应注重课堂教学的互动性和启发性,激发学生的学习兴趣,提高学生的学习动机。此外,教师还应注重学生的个性化发展,关注学生的特长和兴趣,为学生的全面发展提供支持。

3. 专业发展的持续性

高校英语教师专业发展应注重持续性。教师应树立终身学习的理念,不断更新知识、提高技能,适应英语教学的发展。同时,教师还应关注自身的心理调适,保持积极的心态,提高应对压力的能力。此外,教师还应注重与同行教师的交流与合作,分享教学经验和心得,共同提高专业水平。

4. 社会认可度的提升

高校英语教师专业发展应关注教师的社会认可度。教师应积极参与社会公益活动,提高自身的社会影响力。同时,教师还应关注英语教学在社会中的地位和作用,为英语教学的发展贡献自己的力量。此外,教师还应关注国家政策,了解英语教学的发展方向,为自己的专业发展制定明确的目标和规划。

总之,高校英语教师专业发展是提高英语教学质量、促进我国英语教学事业繁荣发展的关键。教师应关注自身的专业素质、教育教学方法、专业发展的持续性以及社会认可度,努力提高自己的专业水平,为我国英语教学事业的发展做出更大的贡献。

二、高校英语教学评价

(一)高校英语教学评价的内涵

教学评价是对收集的教学活动和效果资料,按照既定的客观标准进行衡量和判定,这个过程具有客观性和系统性,本质是判断教学活动和效果的价值。为了得到准确的教学评价结果,作为评价者的教师必须严格按照客观标准的要求完成对教学活动相关资料的收集和测量。

测量是评价者将学生的学习效果进行数量转化,只是利用数学方法对学生学习行为和教师教学活动进行客观描述,而不确定价值。例如,学生的考试成绩为 78 分,这个分数只是测量的一个结果,要想判断其价值还需要进行评价。另外,教学评价中需要进行测验,测验需要使用测量工具或测量量表。考试只是测验的一个工具,评价则是分析和评判考试结果。

关于评价,很多人会联想到测试、评价,认为三者是同一概念,但是仔细分析,三者是存在一定区别的。简单来说,测试为评价、评价提供依据,评价为评价提供依据,评价是对教学效果的综合评价。三者的关系如图 10-1 所示。

从图 10-1 可知,评价与测试的关系非常密切,但也不乏区别的存在。就目标而言,测试主要是为了满足教师、家长的需要,便于他们弄清楚自己学生 / 孩子的成绩。当今社会仍旧以测试为主,并且测试也为家长、教师、学生提供了很多信息。评价主要是为教师与学生提供依据,如学生在学习中遇到什么问题、学生学习的效果如何等,便于教师提升自身的教学质量,也便于学生提升自身的学习效果。评价有助于行政部门对教学资源进行合理配置。显然,三者发挥着不同的作用。

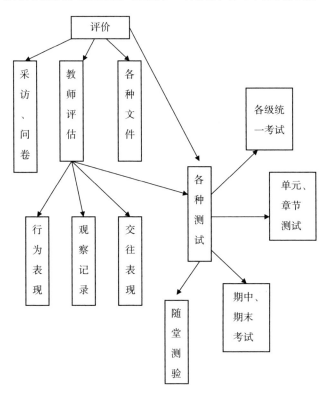

图 10-1 评价与测试的关系

(资料来源:黎茂昌、潘景丽,2011)

(二)高校英语教学评价的目的与意义

随着科技的进步和社会的发展,人工智能时代的到来已经成为不争的事实。在这个时代,高校英语教学也需要进行评价改革,以适应新的教育环境和学生的需求。评价改革的目的和意义是多方面的,包括促进教学改革、提高教学质量、提升学生的英语能力等。高校英语教学评价的目的在于促进教学改革。教学改革是提高教学质量的关键,而评价改革是教学改革的重要手段之一。评价改革可以促进教师和学生对教学目标、教学内容、教学方法、教学评价等方面的反思和调整,从而推动教学改革的发展。评价改革还可以促进教学资源的整合和优化,提高教学

效果。

  高校英语教学评价的意义在于提高教学质量。教学质量是高校英语教学的重要指标之一,评价改革可以促进教学质量的提高。评价改革可以通过评价学生的学习成果、教学过程和教学效果等方面,及时发现教学中的问题和不足,并采取措施进行改进。评价改革还可以通过评价教师的教学能力和教学效果,促进教师的专业发展和教学水平的提高。高校英语教学评价的意义还在于提升学生的英语能力。评价改革可以促进学生的学习兴趣和积极性,提高学生的学习能力和自主学习能力。评价改革可以通过评价学生的英语听、说、读、写等方面的能力和水平,及时发现学生的英语学习问题,并采取措施进行改进。评价改革还可以通过评价学生的英语应用能力和跨文化交际能力,促进学生英语综合能力的提高。

  高校英语教学评价的目的和意义是多方面的,包括促进教学改革、提高教学质量、提升学生的英语能力等。评价改革是高校英语教学发展的重要手段之一,可以帮助高校英语教学适应人工智能时代的发展,提高教育质量和学生的英语能力。

第二节 人工智能时代高校英语教师专业发展的路径

一、人工智能时代高校英语教师的专业化发展方向

  在人工智能时代,高校英语教师面临许多新的挑战和机遇。高校英语教师的专业化发展方向应紧密结合时代特征,不断提高自身的数字化教学能力、创新教学方法、保持终身学习、加强合作与交流、提升研究与反思能力、注重数据驱动决策、关注行业动态并遵守教育技术伦理。只有这样,教师才能更好地适应时代的发展。

（一）数字化教学能力

在智能化教育的背景下,数字技术已经成为英语教学不可或缺的辅助工具。教师需要掌握如何运用这些技术,将其有效地整合到教学过程中,以提高教学效果。首先,教师需要了解和掌握各种数字技术工具的基本功能和使用方法。这包括在线学习平台、数字课件、智能教学软件等。通过参加培训、阅读相关教程和与同行交流,教师可以快速熟悉这些工具的操作和特点。其次,教师需要思考如何将这些工具与英语教学相结合。不同的工具适用于不同的教学场景和需求,教师需要根据教学内容和目标选择合适的工具。例如,利用在线学习平台可以为学生提供丰富的学习资源和互动练习;数字课件可以帮助教师生动形象地展示教学内容;智能教学软件能够为学生提供个性化的学习指导和反馈。在整合数字技术工具的过程中,教师还需要关注学生的学习体验和需求。良好的学习体验能够激发学生的学习兴趣和积极性,提高教学效果。因此,教师在选择和使用数字技术工具时,需要关注学生的反馈和表现,不断调整和优化教学方法和工具。此外,教师还需要具备数据意识和分析能力。数字技术工具通常会生成大量的教学数据,这些数据对于教师了解学生的学习情况和问题具有重要意义。教师需要掌握如何收集、分析和利用这些数据,以便更好地评估教学效果、调整教学策略和提高教学质量。

（二）创新教学方法

在数字化和智能化的浪潮中,英语教学的方法也面临着前所未有的创新要求。传统的课堂教学模式已经不能满足当今学生的学习需求,教师需要积极探索如何利用新的技术手段来提升教学效果。其中,VR 和 AI 等先进技术为英语教学带来了全新的可能性。通过虚拟现实技术,教师可以为学生创造沉浸式的学习环境,让他们在模拟的真实场景中学习和实践英语。这种身临其境的学习方式能够极大地提高学生的学习积极性和参与度,让他们更加主动地投入学习中。而人工智能技术在英语教学中的应用也越来越广泛。教师可以使用智能语音识别和自然语言处理等技术,为学生提供个性化的学习方案和实时反馈。人工智能还可以辅助教师进行教学管理,如自动批改作业、分析学生表现等,减轻教师的工作负担,让他们有更多的时间关注学生的个性化需求。除了探索新的技术手段,教师还需要采取一系列措施来促进教师与新课程共同成长。首先,建立教师研究课制度,为教师提供多种交流平台,如论坛、沙龙、研讨会、课改专栏和教师博客等。这些平台可以引导教师敢于思辨、正面交锋、立足课堂、催生智慧、营造浓郁的研讨氛围。通过这些平台,我们可以形成一个又一个智慧共生的"学习共同体"。结合英语教学的特点,英语教师用英语组织和参与沙龙效果最好。每次由一个备课组负责组织,活动内容多样化,包括话题辩论、教学法讨论、案例交流和点子帮助等。这种组织形式不仅提高了教师的英语水平,还促进了教师之间的交流与合作,有助于提高教学质量和效果。此外,学校还可以邀请专家学者、优秀教师和教研员等为教师提供专业指导和支持。他们可以与教师分享先进的教学理念、方法和经验,为教师的专业成长提供有力的保障。

(三)培养终身学习的习惯

随着数字技术的飞速发展,教育领域正经历着前所未有的变革。从在线学习平台到智能教学软件,技术的进步为教师提供了更多的教学工具和资源。为了充分利用这些工具和资源,教师需要了解如何将数字技术与英语教学相结合,提高教学效果。这意味着教师需要终身不断学习新的教学方法和技术,掌握数字教育的新理念和技能。

数字技术的发展也带来了教育数据的爆炸式增长。通过对这些数据的分析和利用,教师可以更准确地了解学生的学习情况,制定更有针对性的教学计划。为了充分利用教育数据,教师需要掌握相关的数据分析技能,如数据可视化、数据挖掘等。通过数据分析,教师可以更好地理解学生的学习需求和问题,优化教学内容和方法。数字技术的不断发展也要求教师具备网络安全和数据保护的意识。在教育信息化和数字化的过程中,教师需要关注学生的隐私和数据安全,采取必要的安全措施来保护学生的个人信息。这要求教师了解相关的法律法规和最佳实践,确保在利用数字技术进行教学时遵守规定并保护学生的权益。作为这场变革的推动者和参与者,教师需要保持持续学习的态度,不断更新自己的知识和技能。这不仅是为了应对教育的新挑战,也是为了更好地适应时代的发展。

（四）合作与交流能力

在全球化背景下，英语教师的作用愈发凸显，他们不仅需要教授语言知识，还需要培养学生的跨文化交流能力。具备跨文化交流能力的英语教师，能够更好地引导学生理解和尊重不同文化，培养他们的全球视野和跨文化交际能力。这不仅有助于学生适应全球化时代的工作和生活，也有助于他们在跨文化交流中取得成功。此外，英语教师还需要具备与其他教师、行业专家等进行合作的能力。通过与同行合作，教师可以分享教学经验、资源和策略，共同解决教学中遇到的问题，提高教学效果。同时，与行业专家合作，可以让教师及时了解行业动态和需求，将英语教学与实际工作情境相结合，为学生提供更加实用和有针对性的教学内容。这种合作不仅有助于提高教师的专业素养和教学水平，还可以促进教师之间的互动和共同成长。通过跨学科、跨领域的合作，教师可以打破学科壁垒，拓宽自己的知识视野，创新教学方式和内容。这种合作模式也有助于构建一个积极向上的教育生态，推动英语教学的持续发展。

（五）研究与反思能力

教师需要具备一定的研究能力，以便能够对教学实践进行深入的反思和总结，提炼出最佳的实践方案，并在此基础上进行创新。为了促进教师的自我反思和教学观念的转变，我们可以积极倡导叙事研究的方法。叙事研究是一种以故事为主要载体，通过描述和反思教育实践中的真实情境，提炼经验并获得共同发展的研究方法。教师可以通过撰写教学反思、课堂故事等方式，记录自己的教学实践和经验。这些故事可以反映教师的失败与成功、反思与飞跃，是教师教育智慧的结晶。通过叙事研究，教师可以深入反思自己的教学观念和行为，发现自己的不足之处，并寻求改进的方法。在叙事研究中，教师可以相互交流和分享自己的经验，从他人的故事中获得启示和借鉴。这种交流不仅有助于教师个人的成长，还能促进整个教师团队的共同发展。通过相互启迪和激励，我们可以不断更新教学观念和教学方法，提高教学质量和效果。此外，

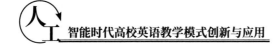

学校可以组织教育叙事分享会等活动,鼓励教师积极参与分享自己的故事。这些活动可以为教师提供一个展示自己、交流学习的平台,同时也能激发教师的创造力和教育热情。此外,教师的研究能力还体现在对提炼最佳实践方案的探索上。在反思的基础上,教师需要将有效的实践经验和方法总结提炼出来,形成具有可操作性和可复制性的最佳实践方案。这不仅有助于提高教师的教学水平,还可以为其他教师提供有益的参考和借鉴。更重要的是,具备研究能力的教师能够在最佳实践方案的基础上进行创新。他们不满足于现有的教学成果,而是勇于尝试新的教学方法和策略,以适应不断变化的教育环境和学生需求。通过创新,教师可以不断推动教学实践的发展,为学生提供更加丰富、有趣和有意义的学习体验。

(六)数据驱动决策

教师需要了解如何使用数据进行决策,以更好地调整教学策略,优化学生的学习体验。数据驱动的决策可以帮助教师更准确地了解学生的学习进度、学习难点和需求,从而制定更有针对性的教学计划。教师收集学生的学习数据,包括考试成绩、课堂参与度、作业完成情况等。通过分析这些数据,教师可以发现学生在学习过程中的问题,例如,哪些知识点掌握得不够扎实,哪些题型容易出错等。这些数据可以帮助教师更准确地评估学生的学习进度和水平。例如,如果数据分析显示大部分学生在某一章节的掌握程度较差,教师可以针对这一章节重新设计教学内容和教学方法,加强这一部分的讲解和练习。教师还可以根据学生的学习难点进行个性化指导,帮助学生解决学习中遇到的问题。此外,教师需要培养自己的数据意识和分析能力。这不仅包括对数字和统计知识的了解,还包括对教育数据的解读和应用能力。教师可以通过参加相关培训、阅读教育数据方面的专业文献等方式来提高自己的数据素养。

(七)关注行业动态

为了使学生更好地适应社会需求,教师需要关注英语相关行业的发展动态,了解新的职业要求和技能需求。首先,教师应该定期关注行业趋势和新兴领域,了解英语语言在各个领域的具体应用。例如,随着全球化进程的加速,英语在商务、旅游、国际关系等领域的重要性日益凸显。教师需要了解这些领域对英语人才的需求和要求,以便为学生提供更有针对性的指导。此外,教师还应该与行业专家和企业保持联系,了解最新的职业动态和技术发展。通过与行业人士的交流,教师可以获取关于职业规划、技能培训和行业标准等方面的信息,这些信息对于帮助学生制定个人发展计划和提升职业技能至关重要。同时,教师可以将行业中的实际案例和项目引入课堂教学,让学生在学习过程中接触到实际的工作环境和任务。这种实践性的教学方式能够帮助学生更好地理解职业要求,提高他们的就业竞争力。

（八）重视遵循教育技术伦理

在使用数字技术进行教学时,教师需要遵循教育技术的伦理规范,以保护学生的隐私和数据安全。教师应该严格遵守隐私法规,确保收集和使用学生个人信息时得到学生的明确同意,并仅用于教学和改进教学的目的。对于学生的选择和权利,教师也应该给予足够的尊重,如果学生不愿意使用某个应用程序或服务,教师应该尊重他们的决定。同时,教师需要采取必要的安全措施来保护学生数据,包括使用强密码、定期更新软件和安全补丁、使用加密技术来保护数据传输和存储等。此外,教师应该与学生和家长保持透明沟通,明确说明如何收集和使用学生数据,以建立信任并确保学生和家长了解自己的权益。为了更好地保护学生的隐私和数据安全,教师还需要了解并遵循相关的教育技术伦理原则。这些原则要求教师在使用数字技术进行教学时保持中立、公正和客观,不因个人偏见或利益而影响学生的学习。教师应该具备批判性思维和伦理判断力,在面临伦理困境时能够做出正确的决策。此外,教师还应该关注数字技术的最新发展,了解相关的伦理问题和挑战,并积极参与讨论和制定相应的伦理规范。通过遵循教育技术的伦理规范,教师不仅能够保护学生的隐私和数据安全,还能够建立信任和良好的师生关系,促进数字技术在教育中的可持续发展。

二、人工智能时代高校英语教师的专业化发展路径

（一）完善教师自主专业发展路径

完善教师自主专业发展路径是一个复杂而重要的任务，涉及多个方面的策略和措施。

1. 学习：提升数字素养，促进终身学习

在人工智能时代，英语教师面临着前所未有的挑战。技术的快速发展和知识的不断更新要求教师不断更新自己的教育教学理念，不断充实自己的专业知识。在这样的背景下，英语教师必须成为终身学习者，持续探索更有效的教育教学方法。数字素养是英语教师在这一时代所必须具备的基本能力和素质，不仅包括基本的计算机操作技能，还包括利用数字技术进行教学的能力，如使用在线平台、数字资源和工具进行有效的在线教学。为了培养英语教师的数字素养，我们需要从多个方面入手。首先，应该充分认识到数字素养的价值，理解其在提高教学质量和效率方面的作用。其次，应满足教师的个性化学习需求，提供多样化的学习资源和培训机会，使教师能够根据自己的需求和兴趣进行学习。同时，应搭建智能教学空间，为教师提供先进的教学设备和工具，使他们能够更好地利用数字技术进行教学。此外，还应营造数字化教学氛围，鼓励教师尝试新的教学方法和手段，提供必要的支持和指导。最后，应提供外部支持，包括技术支持、培训和资源共享等，以帮助教师更好地适应人工智能时代的挑战。通过这些措施的实施，英语教师将能够更好地适应人工智能时代的挑战，提高教育教学效率，实现专业成长。他们将能够更好地利用数字技术进行教学，提高教学质量和效果，为学生提供更好的学习体验。同时，教师自身也将得到更好的发展，不断进步和完善自己的教育教学能力。

2. 合作: 构建在线教师专业学习共同体

在人工智能时代,英语教师的专业发展面临诸多挑战与机遇。随着技术的不断进步,英语教师需要不断更新自己的教育理念和教学方法,以适应时代的需求,而人工智能则为英语教师的专业发展提供了新的可能和途径。通过互联网和各类在线平台,英语教师可以轻松获取到各种教学资源、软件和工具,从而更好地辅助自己的教学工作。同时,人工智能也为英语教师提供了更多样化的学习方式,如在线课程、网络研讨会、虚拟教室等,使教师可以随时随地进行自我提升和学习。

传统的以教师为中心的教学模式逐渐向以学生为中心的教学模式转变,更加注重学生的参与和互动。人工智能工具和平台的应用使英语教学更加个性化、智能化和高效化,有助于激发学生的学习兴趣和提高教学效果。然而,人工智能也给英语教师的专业发展带来了一些挑战。例如,如何有效地利用人工智能工具和资源进行教学设计、如何处理人工智能与传统的英语教学之间的关系、如何保护学生的隐私和数据安全等。因此,英语教师需要在专业发展中注重数字素养的提升,学习如何运用人工智能工具和资源进行教学和管理。为了更好地适应人工智能背景下的英语教学需求,英语教师需要积极参与专业发展活动,提升自己的数字素养和教学能力。学校和教育机构也需要为英语教师提供更多的培训和支持,帮助他们更好地应对数字化时代的挑战和机遇。

3. 反思: 大数据技术助力教师反思

在英语教学中,教师的反思能力不仅是专业发展的重要基础,更是提高教学质量的关键因素。随着人工智能时代的到来,传统的经验回顾式反思已经无法满足现代教育的需求,而人工智能时代为教师反思提供了新的机遇和手段。在人工智能时代,大数据技术的应用成为影响教师反思的关键因素。它改变了过去仅凭主观经验进行反思的方式,为教师提供了翔实、真实的数据支持。这些数据包括学生的学习进度、反馈、课堂互动等情况,能够准确反映教学过程中出现的问题和困难。通过深入挖掘和分析这些数据,教师可以更精准地审视自己的教学实践,从而发现并改进问题。

除了大数据技术的应用,人工智能时代还为教师反思提供了其他工具和手段。例如,教师可以利用智能教学平台、在线课程等数字资源,进行自我反思和评估。这些平台通常提供教学数据的可视化报告和反馈,帮助教师全面了解自己的教学状况和学生的学习需求。此外,教师还可以通过参加在线研讨会、专业培训等活动,与其他教师分享和交流反思的经验和成果,共同提升专业素养。通过学习分析技术对数据加工、可视化的形式展现,教师能够更好地理解学生需求,优化教学方法和策略。具体来说,教师可以通过分析学生的学习数据和反馈,了解学生的学习风格、兴趣和需求。基于这些信息,教师可以调整教学内容、教学方法和教学进度,以更好地满足学生的需求和提高教学质量。此外,教师还可以利用数据分析结果为未来的教学计划和决策提供科学依据,以进一步提高教学质量和效果。

(二)健全教师专业发展的学校支持路径

学校应为教师专业发展提供保障与激励,创新评价机制,建立完善的支持体系。

1. 保障教师专业发展空间

英语教师工作负担过重,严重地阻碍了他们的专业发展。为了解决这个问题,学校可以通过招聘更多的英语教师或聘请代课教师来减轻教师的教学负担。这样可以降低教师的周课时量,使他们有更多的时间进行教学准备和自我提升。同时,解决英语教师的兼任问题也是必要的,特别是对于那些同时教授两门甚至更多学科的教师,他们的教学任务过于繁重,不利于专业发展。学校还可以配备充足的行政和后勤人员,以减轻教师的非教学工作任务。这些工作包括学生档案管理、学籍信息维护、财务报销等。通过专人专任的方式,教师可以摆脱这些繁琐的工作,专注于教学,提高工作效率,使教师有更多的时间进行教学研究和个人专业发展。

此外,学校还应为英语教师营造一个良好的专业发展环境。这包括减少非教学任务对教师时间和精力的占用,为教师的专业发展提供支持和资源。学校可以组织定期的培训和研讨会,邀请专家进行指导,鼓励教师进行教学交流和合作。此外,学校还可以建立激励机制,表彰在专业发展方面取得突出成绩的教师,激发他们的工作热情和创新精神。

2. 创新教师评价机制

在教师评价中,除了传统的评价指标,如教学计划、教学方法、课堂管理、学生反馈等,学校还应特别关注教师的数字素养。在人工智能时代,数字素养已成为教师必备的能力之一。教师需要掌握现代信息技术,能够有效地整合数字化教学资源,创新教学方式,提高教学效果。因此,在教师评价体系中增加数字素养的比重,激励教师不断提升自身的数字素养,适应时代发展的需求。为了实现这一目标,学校可以采取以下措施。

(1)提供培训机会。学校可以定期组织教师参加数字素养培训,提高教师的信息技术应用能力。培训内容可以包括数字化教学资源的获取与整合、在线教学平台的操作、数字化教学评价等。

(2)建立评价标准。学校可以制定具体的数字素养评价标准,明确教师在信息技术应用方面的要求。评价标准可以包括教师的数字化教学资源制作能力、在线教学能力、数字化教学评价的实施能力等方面。

(3)采取激励措施。为了激发教师提升数字素养的积极性,学校可以采取一定的激励措施。例如,对在数字素养方面表现优秀的教师给予表彰和奖励,将其作为教师晋升和评优的重要参考依据之一。

(三)拓宽教师专业发展的政府支持路径

1. 依托智慧教育平台优势

随着时代的发展,教师已无法仅凭教材和教参进行教学,在人工智能时代,手机、电脑、电视等设备的普及让教师能够便捷地获取各类教育资源。但与此同时,教师也面临一些问题:获取资源途径单一、受限,以及资源质量参差不齐。为了解决这些问题,国家智慧教育公共服务平台应运而生。该平台为教师提供了可获得、可应用、可持续、可信赖的专业发展路径。平台汇聚了大量优质教育资源,各阶段、各学科的教师都能从中受益。在这个过程中,教师不再是单纯的知识消费者,他们还参与到知识的创造和分享中。通过征集精品课并评选为部级精品课程,教师从"学会"转变为"会学"和"会创",这激发了他们的专业成长动力。基于该平台的大规模研修活动也为教师的专业发展提供了有力支撑。研修内容丰富,教师可根据兴趣选择,这赋予了他们专业发展的自主权。各地有关部门应充分利用这一平台,助力教师的专业成长。

2. 人工智能优化教师培训

(1)满足教师需求

传统的教师培训存在一些问题,其中之一就是缺乏对教师专业发展需求的深入了解。在传统培训中,教师往往处于被动接受的客体地位,缺乏自主权,导致他们对培训持应付心态,甚至出现抵触情绪。每位教师都有其独特性,所处专业发展阶段、擅长与薄弱之处、教学风格和兴趣爱好都不同,导致他们的专业发展需求各不相同。因此,深入调研教师的真实需求是保障培训有效性的前提条件。

在人工智能时代,技术的支持使深入调研教师个体需求成为可能。一方面,便捷的工具有利于大规模收集教师需求信息。可以采用在线调研工具从多方面开展数据收集,以便深入了解教师专业发展需求。另一方面,互联网建立了培训方与受训方的沟通渠道,教师可以直接向教育行政部门提出自身专业发展需求,参与活动的设计与开发。

(2)优化培训设计

随着教育的进步,教师对培训活动的质量要求更高。传统的千篇一律的课程和枯燥的说教已不能满足他们的需求,教师需要更加个性化、多样化的培训活动,新兴技术如互联网使大规模的因材施教成为可能。教育行政部门可以利用大数据等技术对教师专业发展需求进行精准诊断与分析,为每位教师制定个性化的培训方案和阶段化目标,并推送优质教育资源。传统的培训活动局限于固定区域或学校,采用单一的线上或线下形式,不能满足教师的多样化需求。因此,应结合教师的实际工作,运用虚拟现实技术,提供基于真实情境、面向问题解决的多样化研修服务。教育行政部门应充分考虑教师的专业发展需求,提供多样的培训活动、高质量内容、灵活机制支持,优化教师培训活动。

（3）落实培训评估

教育部门为提高教师教育质量和学生的学业水平,经常开展教师培训活动。然而,由于缺乏对培训效果的评估,很难确定培训是否达到了预期效果。当前的教师培训监督方式,如签到和拍照难以保证培训的真实有效性,而且培训后的评估主要依赖心得体会的撰写,这种应付现象普遍存在。为确保培训效果,教育部门应运用数字技术进行培训过程的评估和后续追踪。通过匿名网络问卷调查收集教师的学习情况和意见,以便及时调整和改进培训活动。培训结束后,应进行成效追踪,利用微信群、论坛和在线学习共同体等途径了解教师的收获,并设计合理的评价标准评估培训的有效性。最重要的是对教师的课堂行为进行评估,包括培训内容的有效性和教师是否掌握并应用了培训内容。通过这些评估措施,可以确保培训活动的实际效果,使其真正发挥作用。

第三节　人工智能时代高校英语教学评价的多元化体系构建

一、人工智能时代高校英语教学评价的原则

人工智能时代高校英语教学评价要与时俱进,更新理念。与之相适应,通过数字化技术,改变传统的评价模式,实现多元化、个性化、发展性的评价目标。

（一）客观性原则

人工智能时代高校英语教学的评价改革是当前教育界关注的焦点。在这个时代背景下,高校英语教学需要不断地进行评价改革,以适应时代的发展和提高教育质量。其中,客观性原则是评价过程中必须遵循的重要原则之一。客观性原则是指评价过程中要客观公正,避免主观偏见的影响。在英语教学中,评价的客观性原则尤为重要,因为英语教学的

评价涉及学生的学习成绩、教师的教学水平等多个方面,如果评价过程中存在主观偏见,就会对评价结果产生很大的影响。因此,在评价过程中必须坚持客观性原则,确保评价结果的公正性和准确性。客观性原则在英语教学评价中的具体应用包括以下几个方面:首先,评价标准应客观明确。评价标准应该基于事实和数据,而不是主观想象。例如,在评价学生的英语水平时,应该根据学生的实际水平来制定评价标准,而不是根据教师的主观判断。其次,评价过程应客观公正。评价过程中应避免教师和学生的关系、师生之间的情感等因素对评价结果产生影响。例如,在评价学生的英语作文时,应该由多个教师共同评分,避免单一教师的主观偏见影响评价结果。最后,评价结果应客观准确。评价结果应基于客观数据和事实,而不是主观判断。例如,在评价学生的英语口语能力时,应该通过实际对话来评估学生的口语能力,而不是通过教师的主观判断。客观性原则是英语教学评价中必须遵循的重要原则之一。在评价过程中,应该坚持客观性原则,确保评价结果的公正性和准确性。具体应用方面包括评价标准的客观明确、评价过程的客观公正和评价结果的客观准确。只有这样,才能真正实现高校英语教学的评价改革,推动英语教学的发展。

（二）公平性原则

在人工智能时代高校英语教学的评价改革中,公平性原则是至关重要的。在评价过程中,必须保证公平公正,确保每位学生都能得到平等的评价机会。

公平性原则是评价改革的核心,因为只有在评价过程中确保公平公正,才能保证每位学生都能得到平等的机会,从而促进学生的全面发展。评价改革的目标是提高学生的英语能力,因此评价过程必须公平公正,才能确保每位学生都能得到公正的评价。在评价过程中,需要采用科学、客观、公正的评价方法。传统的评价方法往往存在主观性、随意性、不客观等问题,容易导致评价结果不公正。因此,需要采用科学、客观、公正的评价方法,采用多种评价方式,如口头表达、写作、听力等,采用多种评价工具,如在线考试、课堂表现、作业等,采用多个评价者,如教师、同学、家长等,以保证评价结果的客观性和公正性。

在评价过程中,需要建立公正的评价机制。评价机制是评价改革的重要组成部分,它能够确保评价结果的公正性、客观性、权威性。因此,需要建立公正的评价机制,如建立评价标准、评价流程、评价结果公示等,以保证评价结果的公正、客观和权威。在评价过程中,需要注重学生的个性化发展。公平性原则是评价改革的核心,评价过程必须公平公正,确保每位学生都能得到平等的评价机会。

（三）发展性原则

在高校英语教学中,发展性原则是评价过程中必须重视的原则之一。发展性原则强调的是学生的全面发展,注重学生的长足进步。这种评价方式不仅能够更好地评估学生的英语水平,还能够促进学生的全面发展。发展性原则的评价过程需要注重学生的全面发展。高校英语教学的目标是培养学生的语言能力,同时也需要培养学生的思维能力、文化素养、情感态度等多方面的能力。因此,在评价过程中,需要综合考虑学生的各个方面,包括语言能力、思维能力、文化素养、情感态度等。例如,可以通过多种形式的考试,如笔试、口语、听力等,来评估学生的语言能力;通过设计各种活动,如小组讨论、角色扮演等,来评估学生的思维能力、文化素养、情感态度等。

发展性原则的评价过程需要关注学生的长足进步。学生的学习是一个不断进步的过程,需要不断鼓励和激励学生。在评价过程中,需要注重学生的进步,及时给予肯定和表扬,激发学生的学习兴趣和动力。例如,可以设立一些奖励机制,如奖学金、荣誉称号等,来鼓励学生的学习进步。发展性原则的评价过程需要采用多种评价方式。不同的评价方式能够更好地反映学生的不同方面,如语言能力、思维能力、文化素养、情感态度等。因此,在评价过程中,需要采用多种评价方式,如笔试、口语、听力、小组讨论、角色扮演等。同时,还需要结合学生的实际情况,灵活运用各种评价方式,以更好地评估学生的学习情况。发展性教学评价是一种动态的评价,强调主体参与、互动的过程。传统的教学评价主要是由教师对学生进行评价,而在数字化时代,数字化教学技术平台的使用为高校英语教学评价提供了多种模式和方法。教师可以通过网络平台向学生展示自己的教学过程和学习成果,并听取他们的意见和建议。在这个过程中,学生可以将自己的学习成果及时展示给大家,同时也可以对自己的学习情况进行反思,这样就会激发学生的学习热情,培

养他们自主学习、合作学习、探究学习的能力。此外,教师还可以利用网络平台及时向学生反馈教学情况。教师和学生在这一过程中都可以得到不同程度的提高。数字化教学平台为师生交流提供了更多方式和方法。通过不同形式的交流和互动,实现教师和学生在教学中的共同成长。

（四）多元化原则

在人工智能时代,高校英语教学的评价改革成为教育界关注的焦点。传统的英语教学评价方式已经无法满足现代教育的需求,因此需要进行评价改革,其中多元化原则是评价改革的一个重要方面。数字化背景下的高校英语教学评价要在多个方面进行改革,积极探索利用数字化技术实现高校英语课程评价的现代化。在数字化时代,高校英语教师要不断更新教学观念,优化教学过程评价,采用多种方式开展教学评价活动。数字化背景下高校英语教学质量评价应该坚持多样化原则,主要体现为三大层面:评价主体要多样化、评价形式要多样化、评价手段要多样化。

首先,多元化的评价方式是评价改革的重要内容。传统的英语教学评价方式过于单一,通常采用考试成绩作为评价的唯一标准。然而,这种评价方式已经无法满足现代教育的需求。在人工智能时代,高校英语教学需要采用更加多元化的评价方式。例如,可以采用口语、听力、阅读和写作等多种评价方式,以全面评估学生的英语能力。此外,还可以采用在线考试、作业、课堂表现等多种评价方式,以更准确地评价学生的学习成果。

其次,多元化的评价工具是评价改革的重要内容。传统的英语教学评价工具通常包括考试成绩和纸笔测试等。然而,这些评价工具已经无法满足现代教育的需求。在人工智能时代,高校英语教学需要采用更加多元化的评价工具。例如,可以采用在线考试、语音识别、自然语言处理等技术,以更准确地评估学生的英语能力。此外,还可以采用课堂观察、学生反馈、教师评价等多种评价工具,以更全面地了解学生的学习情况。

再次,多元化的评价主体是评价改革的重要内容。传统的英语教学评价主体通常是教师和学生。然而,这种评价主体已经无法满足现代教育的需求。在人工智能时代,高校英语教学需要采用更加多元化的评价主体。例如,可以邀请家长、企业、社会机构等参与评价,以更全面地了解学生的学习情况。此外,还可以邀请同行专家、教育专家等参与评价,以更准确地评估学生的英语能力。

最后,多元化的评价过程也是评价改革的重要内容。传统的英语教学评价过程通常是一个单向的过程,即教师对学生进行评价,学生接受评价。然而,这种评价过程已经无法满足现代教育的需求。在数字智能化时代,高校英语教学需要采用更加多元化的评价过程。例如,可以采用在线评价、实时反馈、互动交流等方式,以更有效地指导学生的学习。此外,还可以采用数据挖掘、机器学习等技术,以更准确地评估学生的学习成果。

二、人工智能时代高校英语教学评价的多元化手段

(一)评价方法的多元化

高校英语教学在人工智能时代的评价改革中,需要采用多元化的评价方法。传统上,高校英语教学主要采用笔试作为评价方式,但在数字智能化时代,我们需要采用更多元化的评价方法,以便更好地评估学生的学习效果。

在线测试是一种非常方便和高效的评价方法。通过在线测试,我们可以快速地收集学生的学习成果,同时也可以避免传统笔试中的一些问题,比如,学生之间的互相抄袭等。此外,在线测试也可以更好地反映学生的语言应用能力,比如,听、说、读、写、译等方面的能力。课堂观察是一种更加直接的评价方法。通过观察学生在课堂上的表现,可以了解学生的学习态度、语言能力、交际能力等方面的情况。同时,课堂观察也可以及时发现学生的学习问题,帮助学生更好地改进学习方法。

作业评价也是一种重要的评价方法。作业是学生学习成果的重要体现,通过评价学生的作业,可以了解学生的语言应用能力和学习态度。同时,也可以通过评价学生的作业,发现学生的学习问题,并给予针对性的指导。

除了上述三种评价方法,还可以采用其他一些评价方法,比如,学生

自我评价、教师评价、同伴评价等。这些评价方法可以互相补充,共同提高学生的学习效果。在人工智能时代,高校英语教学需要采用多元化的评价方法,以便更好地评估学生的学习效果。这些评价方法不仅可以更好地反映学生的语言应用能力,还可以及时发现学生的学习问题,并给予学生针对性的指导。因此,我们需要在实践中不断探索和尝试,以提高高校英语教学的评价水平。

(二)评价工具的多元化

在人工智能时代,高校英语教学的评价改革已经成为教育界关注的焦点。传统的评价方式已经无法满足现代教育的发展需求,因此我们需要开发和利用多种评价工具,以实现评价的多元化。通过在线问卷调查,可以快速收集学生的反馈和意见,了解他们在学习过程中的困难和需求。同时,还可以通过数据分析,了解学生的学习行为和习惯,为个性化教学提供参考。学习分析系统可以对学生的学习数据进行分析和评估,提供有关学生学习情况的信息。通过学习分析系统,可以了解学生的学习进度、学习成果和学习习惯,从而为教师提供有效的教学反馈。

此外,人工智能时代的高校英语教学还需要注重评价的多元化。例如,可以通过在线口语练习平台,让学生自主进行口语练习,同时教师可以通过系统对学生的口语练习进行评分和反馈。这样不仅可以提高学生的学习兴趣,还可以促进他们的学习积极性。

(三)评价主体的多元化

在人工智能时代,高校英语教学的评价改革是一个重要的话题,评价改革的目标是提高评价的准确性和公正性,以便更好地反映学生的学习成果和能力。评价主体的多元化是评价改革的一个重要方面。

评价主体的多元化可以包括教师、学生、家长等。教师作为评价的主体,可以根据学生的学习表现、作业、考试等方面的表现进行评价。学生作为评价的主体,可以对自己的学习情况进行自我评价,同时也可以对同学的学习表现进行评价。家长作为评价的主体,可以了解孩子的学习情况,同时也可以对学校的教育质量进行评价。

评价主体的多元化有利于获取更全面的信息。传统的评价方式往往只考虑学生的学习成绩,而忽略了其他方面的表现,如学习态度、合作能力、创新能力等。评价主体的多元化可以让学生、教师、家长等从不同角度对学生的学习表现进行全面评价,有助于了解学生的全面发展情况,为评价改革提供更加准确的数据支持。

评价主体的多元化还可以提高评价的公正性。在传统的评价方式中,教师往往容易受到各种因素的影响,如班级、学科、年级等,导致评价结果不公正。而评价主体的多元化可以减少这些因素的影响,让学生、教师、家长等从不同的角度对学生的学习表现进行全面评价,提高评价的公正性。

评价主体的多元化是评价改革的一个重要方面,可以获取更全面的信息,提高评价的准确性和公正性。教师、学生、家长等都可以作为评价的主体,通过多元化的评价方式,全面了解学生的学习情况,为评价改革提供更加准确的数据支持。

（四）评价过程的多元化

评价过程的多元化是人工智能时代高校英语教学评价改革的重要内容。多元化的评价过程可以包括评价前、评价中、评价后等各个阶段,有利于提高评价的效率和质量。

在评价前,多元化的评价过程可以包括教师对学生的背景信息、学习目标、学习进度、学习方式等方面的了解,以及对学生的学习成果和表现的预期。这样可以帮助教师更好地制定评价标准和评价方法,确保评价的准确性和公正性。

在评价中,多元化的评价过程可以包括多种评价方式,如口试、笔试、课堂观察、作业检查、项目展示等。这些评价方式可以相互补充,提高评价的全面性和客观性。例如,口试可以考查学生的口语表达能力,笔试可以考查学生的语法和词汇掌握程度,课堂观察可以考查学生的学习态度和参与程度,作业检查可以考查学生的学习进度和作业完成情况,项目展示可以考查学生的团队合作能力和创新能力。

在评价后,多元化的评价过程可以包括教师对学生的评价反馈和评价结果的分析和解释。这样可以帮助学生更好地了解自己的学习情况和存在的问题,从而制定更加有效的学习计划,提高学习效果。同时,多元化的评价过程也可以为教师提供更多的反馈和建议,帮助教师更好地改进教学方法和提高教学质量。

　　多元化的评价过程是人工智能时代高校英语教学评价改革的重要内容,有助于提高评价的效率和质量。多元化的评价过程可以通过评价前、评价中、评价后等各个阶段,包括多种评价方式,以及教师对学生的评价反馈和评价结果的分析和解释,从而更好地评估学生的学习成果和表现,帮助学生更好地了解自己的学习情况和存在的问题,并制定更加有效的学习计划,提高学习效果。

参考文献

[1] 丁怡萌,鲁昕,夏登山.人工智能英语词汇手册[M].北京:外语教学与研究出版社,2020.

[2] 何芳,郑涛,邓静.人工智能英语读写教程[M].北京:清华大学出版社,2021.

[3] 贾积有.教育技术与人工智能[M].长春:吉林大学出版社,2009.

[4] 焦李成,李阳阳,侯彪,等.人工智能本硕博培养体系[M].北京:清华大学出版社,2019.

[5] 刘瑜,薛桂香,顾明臣,等.青少年人工智能编程Python版[M].武汉:华中科技大学出版社,2023.

[6] 鲁巧巧.大学英语教学变革与赋能[M].长春:吉林出版集团股份有限公司,2022.

[7] 罗志高.人工智能英语阅读[M].北京:外文出版社,2020.

[8] 吕云翔.人工智能专业英语[M].北京:清华大学出版社,2021.

[9] 王华树.人工智能时代翻译技术研究[M].北京:知识产权出版社,2020.

[10] 吴非作.教育信息化时代高校英语教学的创新研究[M].青岛:中国海洋大学出版社,2023.

[11] 张强华,司爱侠.人工智能专业英语[M].北京:人民邮电出版社,2021.

[12] 张强华,卓勤,司爱侠.人工智能英语教程[M].北京:机械工业出版社,2022.

[13] 张泽谦.人工智能[M].北京:人民邮电出版社,2019.

[14] 赵骎.人工智能技术驱动的初中英语课堂教学实践[M].上海:华东师范大学出版社,2021.

[15] 重庆工商大学高等教育研究所. 大数据人工智能背景下的教育教学改革探索 [M]. 成都：西南财经大学出版社,2018.

[16] 朱惠敏. 人工智能辅助教学对英语教学的影响 [M]. 天津：天津科学技术出版社,2021.

[17] 安琪. 充分利用网络智能化推动大学英语教学的改革与创新：评《网络多媒体环境下的英语教学改革之研究》[J]. 中国电化教育,2023（10）：I0003.

[18] 曾屹,刘长宏,高昌平,等. 一种课堂教学中应用的计算机辅助英语教学系统 [J]. 外语电化教学,1995（1）：2.

[19] 陈维超,贾积有,向东方. 人工智能教学系统"希赛可"在高中英语课堂的应用研究：基于设计的研究 [J]. 中国电化教育,2008（2）：6.

[20] 陈延潼. 深度学习视域下 SPOC 外语教学模式应用研究 [J]. 外语界,2023（4）：91–96.

[21] 程建锋. 大学生英语在线自主学习能力影响因素实证研究 [J]. 中国电化教育,2023（9）：123–131.

[22] 杜泽兵. "互联网 +"背景下的高校英语教学策略 [J]. 山西财经大学学报,2022,44（S01）：187–189.

[23] 冯秀娟. 浅谈人工智能技术在社会中的应用 [J]. 福建茶叶,2020,42（3）：1.

[24] 龚海平. 试论英语深度学习的三个向度 [J]. 中小学英语教学与研究,2021（09）：2–4.

[25] 管艳郡. 基于人工智能的英语教学系统设计与趋势展望 [J]. 中国电化教育,2020（4）：2.

[26] 郭茜,冯瑞玲,华远方. ChatGPT 在英语学术论文写作与教学中的应用及潜在问题 [J]. 外语电化教学,2023（2）：18–23.

[27] 郭盈,李佳莲. 文化自信视域下大学英语教育信息素养实证研究：以北京地区两所高校学生为例 [J]. 情报科学,2023,41（9）：183–190.

[28] 何晓松. "互联网 +"视域下大学英语口语教学模式探究 [J]. 继续教育研究,2017（11）：3.

[29] 洪常春. 人工智能时代大学英语生态教学模式构建研究 [J]. 外语电化教学,2018（6）：6.

[30] 侯婧．人工智能时代英语口语教学模式变革 [J]．教学与管理，2019（33）：3.

[31] 侯丽琼．信息技术对英语教学改革的促进作用浅析：评《信息化背景下大学英语教学改革研究》[J]．教育理论与实践，2019，39（29）：1.

[32] 黄林林，黄杉杉．人工智能技术在外语教学中的应用探究：评《人工智能技术驱动的初中英语课堂教学实践》[J]．中国教育学刊，2023（10）：I0037.

[33] 李艳如，何冰艳，王怡．教育技术与英语阅读教学融合的适度性研究 [J]．外国语文，2022，38（5）：152-160.

[34] 刘君武．基于茶学思维引导大学生英语阅读能力提升的路径 [J]．福建茶叶，2022，44（11）：118-120.

[35] 刘丽．人工智能是否应具有法律主体地位 [J]．人民论坛，2020（12）：2.

[36] 刘敏．英语教学形成性评价云端测评模式构建 [J]．外语教学，2020，41（5）：5.

[37] 刘敏，吴始年．英语教学形成性评价云端测评模式构建 [J]．外语教学，2020，41（05）：71-75.

[38] 刘颖，宁晓静．基于信息化的大学英语教师课程思政能力发展探析：评《信息化背景下大学英语教学研究与实践》[J]．科技管理研究，2023，43（9）：I0019.

[39] 栾爱春．人工智能视野下的英语教学：发展趋势与应对策略 [J]．中小学教师培训，2019（1）：4.

[40] 饶晓丽．英语语言文学教学管理系统的设计与实现 [J]．现代电子技术，2018，41（3）：5.

[41] 阮婷婷，黄甫全，曾文婕．智能化学本评估初探：基于 AI 教师主讲课堂的试验研究 [J]．教育研究与实验，2021（2）：7.

[42] 桑海英，孙先洪．基于人工智能的英语教学资源信息综合管理系统设计 [J]．现代电子技术，2020，43（10）：3.

[43] 苏勇．多媒体辅助英语阅读教学 [J]．中国大学教学，2004，000（011）：55-56.

[44] 孙玲．互联网视域下英语教学理念的"变"与"不变"：评《大学英语改革与发展探究》[J]．教育理论与实践，2021，41（26）：1.

[45] 陶锋．人工智能翻译与"世界文学" [J]．人文杂志，2019（8）：8.

[46] 王华丽.新媒体时代高校英语教学信息化模式创新研究 [J].情报科学,2022,40（8）:50-55.

[47] 王均松,肖维青,崔启亮.人工智能时代技术驱动的翻译模式:嬗变,动因及启示 [J].上海翻译,2023（4）:14-19.

[48] 王娜.人工智能技术在大学英语教学中的应用研究 [J].轻合金加工技术,2020,48（8）:2.

[49] 王亚南,王京华,韩红梅,等.中国高校英语教师信息化教学能力现状调查研究 [J].外语界,2023（2）:54-61.

[50] 魏爽,李璐遥.人工智能辅助二语写作反馈研究:以 ChatGPT 为例 [J].中国外语,2023,20（3）:33-40.

[51] 吴非晓,王成祥.信息化时代大学英语教学模式探索 [J].教育与职业,2013（24）:2.

[52] 向玉,贺英杰.基于大数据技术的高校英语教育教学模式探究 [J].食品研究与开发,2023,44（20）:I0016.

[53] 熊惠.试论大学英语网络课程开发 [J].教育与职业,2006(24):86-87.

[54] 徐英瑾.人工智能研究中的"母语意识"刍议:以对于汉语量词的刻画为案例 [J].社会科学战线,2018（1）:10.

[55] 严燕.人工智能时代英语教学促进学生深度学习路径探究 [J].教学与管理,2019（27）:3.

[56] 杨妮,孙华.变革与坚守:人工智能时代的新闻传播教育 [J].出版广角,2019（1）:3.

[57] 杨妍.现代信息化技术对高校英语教育教学的影响研究 [J].中国电化教育,2022（6）:2.

[58] 杨永钢.图式理论在高中英语教学中的应用 [J].中小学英语教学与研究,2001（5）:33-34.

[59] 余丽霞,刘芬,李慧君.基于翻转课堂的高职英语新型混合教学策略 [J].教育学术月刊,2018,316（11）:106-113.

[60] 张凤娟,张良林,胡志红.新文科背景下的英语师范生素养培养体系的构建研究 [J].外语电化教学,2023（4）:60-64.

[61] 张松松,顾云锋,潘艳艳,等.教育信息化背景下大学英语教师教育技术能力现状研究报告:以南京地方高校为例 [J].外语电化教学,2016（2）:5.

[62] 赵彦萍. 面向二十一世纪的大学英语教学 [J]. 外语教学理论与实践, 1998（4）: 5.

[63] 赵艳萍. 认知对英语教学的重新解说 [J]. 教学与管理: 理论版, 2003（9）: 2.

[64] 周萍. 互联网背景下的高校英语教育教学实践 [J]. 食品研究与开发, 2023, 44（22）: I0019.

[65] 朱晗. 人工智能辅助下大学英语课程思政研究 [J]. 教育评论, 2022（11）: 104-109.

[66] 邹斌, 汪明洁. 人工智能技术与英语教学: 现状与展望 [J]. 外国语文, 2021, 37（3）: 7.